ROSE MARIE DONHAUSER

EINFACH
HEIMATKÜCHE

GENIAL KOCHEN MIT **2–6 ZUTATEN**

EIN BUCH DER
EDITION MICHAEL FISCHER

EINFACH KOCHEN – WIE IN DER HEIMAT

Das ist ein Versprechen in zweierlei Hinsicht. Einfach heißt – mit maximal sechs Zutaten – ein leckeres Gericht zubereiten. Einfach bedeutet auch, ein unkompliziertes Rezept in relativ kurzer Zeit nachzukochen. Die einzelnen Zutaten sind auf Fotos dargestellt und als fertiges Gericht auf einem großen Foto zu sehen.

Meine Heimatküche bietet Ihnen regionale Gerichte aus dem deutschsprachigen Raum – von der Nordseeküste bis zum Alpenraum. Möglicherweise entdecken Sie in diesem prall gefüllten Kochbuch ein Lieblingsessen aus der Kindheit, Vertrautes oder gar Vergessenes aus Omas Küche, etwas, das Sie unbedingt ausprobieren möchten.

Vielfach hat man noch den Geschmack in Erinnerung, ob nun von Rostbraten mit Zwiebeln, Grießklößchensuppe, Krabbensalat oder Maultaschen. Doch irgendwie war es immer zu kompliziert oder in der Vorstellung zu zeitaufwendig, diese Leckerbissen nachzukochen. Aus über 150 Heimatrezepten können Sie wählen, da finden Sie bestimmt Ihre Region mit den jeweiligen Spezialitäten.

Die Rezepte sind bewusst einfach gehalten, nach dem Motto: „Zurück zur Basis". So gelingt es ganz leicht, wie in der Heimat zu kochen. Ich bin sicher, dass beim Durchblättern des Buchs viele Ahs und Ohs ertönen und Sie sich sagen: „Das wollte ich schon lang wieder einmal kochen." Nur zu! Die Anleitungen und Zubereitungen sind einfach.

Ich wünsche Ihnen viel Freude beim Schmökern, Auswählen, Einkaufen und Nachkochen – vor allem aber beim Genießen.

Rose Marie Donhauser

INHALT

KOCHEN KANN JEDER	**8**

VORSPEISEN | SNACKS

Eiersalat mit Schnittlauch	**10**
Kopfsalat mit gehackten Eiern	**12**
Herzhaftes Käse-Omelett	**14**
Rührei mit Krabben	**16**
Strammer Max	**18**
Bauernfrühstück aus der Pfanne	**20**
Tatar vom Rind	**22**
Mett-Igel mit Brot	**24**
Rindfleischsalat mit Zwiebeln	**26**
Fleischsalat mit Mayonnaise	**28**
Wurstsalat mit Käse	**30**
Überbackener Schinkentoast	**32**
Speckdatteln mit Mandeln	**34**
Heringssalat mit Äpfeln	**36**
Matjes mit Kartoffeln	**38**
Krabbensalat mit Dill	**40**
Makrelensalat mit Dill	**42**
Ziegenfrischkäse mit Bärlauch	**44**
Käsebällchen mit Mandeln	**46**
Herzhafter Obatzda	**48**
Handkäs mit Musik	**50**
Pellkartoffeln mit Kräuterquark	**52**
Radieschenquark mit Schnittlauch	**54**
Rettichsalat mit Schnittlauch	**56**

Griebenschmalz mit Majoran	**58**
Gänseschmalz mit Zwiebeln	**60**

SUPPEN | EINTÖPFE

Grundrezept Gemüsebrühe	**62**
Grundrezept Geflügelbrühe	**64**
Grundrezept Fleischbrühe	**66**
Hühnersuppe mit Einlagen	**68**
Grießklößchensuppe	**70**
Rindfleischsuppe mit Einlagen	**72**
Markklößchensuppe	**74**
Pfannkuchensuppe	**76**
Cremige Käsesuppe	**78**
Kürbissuppe mit Sahne	**80**
Fruchtige Tomatensuppe	**82**
Spargelcremesuppe	**84**
Deftige Kartoffelsuppe	**86**
Feine Linsensuppe	**88**
Gelbe Erbsensuppe	**90**
Bohnen, Birnen und Speck	**92**
Pichelsteiner Eintopf	**94**
Steckrübensuppe	**96**
Einfache Gulaschsuppe	**98**
Kalte Gurkensuppe mit Croûtons	**100**

BEILAGEN | SALATE | SOSSEN

Klassische Eierspätzle	**102**
Bratkartoffeln mit Speck	**104**
Kartoffelbrei mit Muskatnuss	**106**
Grundrezept Kartoffelnudeln	**108**
Grundrezept Kartoffelklöße	**110**
Kartoffelklöße halb und halb	**112**
Grundrezept Semmelknödel	**114**
Kartoffelpuffer mit Zwiebeln	**116**
Rösti aus Pellkartoffeln	**118**
Käsespätzle mit Röstzwiebeln	**120**
Spinatspätzle mit Muskatnuss	**122**
Blumenkohl mit Butterbröseln	**124**
Grünes Erbsenpüree	**126**
Glasierte Möhren	**128**
Geschmortes Gurkengemüse	**130**
Cremiges Kohlrabigemüse	**132**
Vegetarisches Kohlrabischnitzel	**134**
Spargel mit Schinken und Butter	**136**
Schwarzwurzeln mit Lauch	**138**
Prinzessbohnen im Speckmantel	**140**
Rahmspinat mit Knoblauch	**142**
Brokkoli mit Schinken und Käse	**144**
Rahmpfifferlinge mit Speck	**146**
Rosenkohl mit Mandeln	**148**
Rotkohl mit Äpfeln	**150**
Geschmorter Grünkohl	**152**
Wirsinggemüse mit Muskatnuss	**154**
Sauerkraut mit Wacholderbeeren	**156**
Saure Linsen	**158**

Wildkräutersalat mit Himbeeressig	**160**
Feldsalat mit Walnusskernen	**162**
Gurkensalat mit Dill	**164**
Grüner Bohnensalat	**166**
Weißkrautsalat mit Kümmel	**168**
Rote-Bete-Salat mit Äpfeln	**170**
Roher Selleriesalat	**172**
Kartoffelsalat mit Mayo	**174**
Kartoffelsalat mit Brühe	**176**
Nudelsalat mit Erbsen und Schinken	**178**
Reissalat mit Frühlingsgemüse	**180**
Eier in Senfsoße	**182**
Frankfurter Soße	**184**
Sauce hollandaise	**186**
Meerrettichsoße mit Fleischbrühe	**188**
Schnelle Mayonnaise	**190**
Meerrettichsahne mit Preiselbeeren	**192**
Würziges Käsefondue	**194**

FLEISCH- | FISCHGERICHTE

Wiener Schnitzel	**196**
Schnitzel Cordon bleu	**198**
Rahmschnitzel vom Kalb	**200**
Rahmgeschnetzeltes mit Pilzen	**202**
Kalbsleber mit Äpfeln und Zwiebeln	**204**
Frikadellen aus der Pfanne	**206**
Gefüllte Paprikaschoten	**208**
Kohlrouladen mit Mettfüllung	**210**
Hackbraten mit Soße	**212**
Königsberger Klopse	**214**

Maultaschen mit Zwiebeln	**216**
Schinkennudeln mit Tomaten	**218**
Bratwurst in Zwiebel-Bier-Soße	**220**
Chicorée mit Schinken	**222**
Leberkäse mit Spiegelei	**224**
Würzige Schaschlikspieße	**226**
Kassler auf Sauerkraut	**228**
Eisbein aus dem Kochsud	**230**
Rinderrouladen mit Soße	**232**
Schweinebraten mit Biersoße	**234**
Rostbraten mit Zwiebeln	**236**
Einfacher Sauerbraten	**238**
Tafelspitz in Brühe	**240**
Hühnerfrikassee	**242**
Gegrilltes Hähnchen	**244**
Backhähnchen mit Petersilie	**246**
Klassischer Gänsebraten	**248**
Bandnudeln mit Lachs-Sahne-Soße	**250**
Forelle Müllerin Art	**252**
Forelle blau	**254**
Schollenfilet mit Speck	**256**
Lachs in Alufolie	**258**

NACHSPEISEN

Apfelmus mit Zimt	**260**
Pflaumenkompott	**262**
Rhabarberkompott	**264**
Bratäpfel mit Zimtsahne	**266**
Rote Grütze	**268**
Schnelle Vanillesoße	**270**

Heiße Himbeeren mit Vanilleeis	**272**
Eiskaffee mit Vanilleeis	**274**
Pfirsich Melba	**276**
Birne Helene	**278**
Parfait mit Zimt	**280**
Schokoladenpudding	**282**
Grießbrei mit Zimt und Zucker	**284**
Süßer Milchreis mit Zimt	**286**
Klassische Bayrisch Creme	**288**
Apfelpfannkuchen	**290**
Pfirsiche im Blätterteig	**292**
Arme Ritter	**294**
Brandteigkrapfen mit Sahne	**296**
Kaiserschmarren mit Puderzucker	**298**
Marillenknödel	**300**
Kastenkuchen mit Mohn	**302**
Apfelstrudel mit Strudelteig	**304**
Topfenstrudel mit Blätterteig	**306**
Schneller Käsekuchen	**308**

REGISTER	**310**
ÜBER DIE AUTORIN	**316**
ÜBER DIE FOTOGRAFIN	**317**

KOCHEN KANN JEDER

Der Clou dieses Kochbuchs ist, dass Fotos zu einzelnen Zutaten sowie klare und kurze Anleitungen auch Kochanfänger zum Loslegen ermutigen. Für Geübte ist es vielleicht eine Erholung, mal keine unendlich langen Zutatenlisten für ein leckeres Gericht beachten zu müssen. Die Fotos animieren und machen Lust auf das Nachkochen. Genau dieses Prinzip macht die Zubereitung so leicht und signalisiert, dass Kochen keine Zauberei ist.

WAS KOCHE ICH HEUTE?

In der guten Heimatküche werden regionale und saisonale Zutaten wie Spargel, Grünkohl, Schmorgurken oder verschiedene Beeren verwendet. Wer die Zutaten nach der Saison auswählt, kann das ganze Jahr über abwechslungsreich kochen und andere verwöhnen. Dazwischen gibt es Gerichte, die immer Saison haben und schmecken, beispielsweise Rahmschnitzel, Erbsenpüree, Kartoffelsalat, Königsberger Klopse oder Kaiserschmarren.

ALLES IST SO SIMPEL

Vielleicht fragen Sie sich, ob wirklich jedes Gericht mit sechs oder manchmal nur mit zwei Zutaten auskommen kann. Die Antwort ist Ja, weil sie die Basis darstellen. Das Grundrezept ist so konzipiert, wie es am Ende schmecken soll. Natürlich können alle Gerichte individuell mit Gewürzen ergänzt, kreativ verändert oder nach Geschmack variiert werden. So ist kochen kinderleicht!

BASICS

Zum Nachkochen der Rezepte benötigen Sie weder komplizierte Küchengeräte noch Fritteuse, Mikrowelle oder stylishe Utensilien. Nur ein paar einfache und effektive Basics sind wichtig. Danach gehören verschiedene Messer, Schüsseln, Töpfe, Pfannen und Küchenutensilien wie Pfannenwender, Kochlöffel, Sparschäler und Schneebesen zur Grundausstattung sowie ein Handrührgerät und ein Haarsieb zum Passieren von Brühen oder Soßen.

VORRATSHALTUNG

Die abgebildeten Zutaten werden frisch eingekauft. An Gewürzen sollten Salz und Pfeffer vorrätig sein. In manchen Rezepten werden Kümmel, Paprikapulver und Muskatnuss gebraucht. Oder auch mal ganze Pfefferkörner, Gewürznelken, getrocknete Kräuter wie Majoran und Oregano oder Lorbeerblätter. Diese findet man auf den Zutatenfotos, falls sie nicht im Gewürzregal sind.

Bei Nudeln hat bestimmt jeder seine Lieblinge im Vorrat. Bei dem Rezept Schinkennudeln mit Tomaten (siehe S. 218) werden Bandnudeln verwendet, italienische Tagliatelle passen ebenfalls dazu. Oder bei der Hühnersuppe mit Einlagen (siehe S. 68) sind Suppennudeln angegeben, Spiral-, Hörnchen- oder Buchstabennudeln eignen sich natürlich auch.

An konservierten Grundzutaten wie Tomaten sollten Sie Tomatenmark, passierte oder geschälte Tomaten im Vorrat haben. Dann sind Rinderrouladen (siehe S. 232) mit Soße oder gefüllte Paprikaschoten mit passierten Tomaten (siehe S. 208) im Nu fertig.

PFLANZENÖL

In den meisten Rezepten wird nur Pflanzenöl angegeben. Damit ist geschmacklich neutrales und hoch erhitzbares Pflanzenöl gemeint. Je nach Vorlieben und Gewohnheiten können Sie dann Sonnenblumen-, Raps-, Weizenkeim- oder Distelöl verwenden. Steht bei einem Rezept Olivenöl, so wird dieses entweder kalt für einen Salat gebraucht oder für den Geschmack.

DIES & DAS

Ist bei einem Rezept wie Strammer Max (siehe S. 18) Mischbrot angegeben, kann das Brot in jeder deutschen Region anders heißen, beispielsweise Schwarzbrot. Beim Rezept „Kalte Gurkensuppe mit Croûtons" (siehe S. 100) ist Weißbrot genannt. Auf dem Foto sieht man Kastenweißbrot. Ein italienisches Weißbrot tut es auch.

Für die Kürbissuppe (siehe S. 80) wird Hokkaido-Kürbis verwendet, der mit der Schale, siehe Rezeptanleitung, verarbeitet wird. Wählen Sie eine andere Kürbissorte, muss die Schale entfernt werden.

BACKOFENTEMPERATUREN

Bei Backofengerichten beziehen sich die Temperaturangaben auf Ober- und Unterhitze. Arbeiten Sie mit Umluft, stellen Sie die Temperatur um 20 °C niedriger ein. Meistens wird auf der mittleren Schiene gegart oder gebacken.

PORTIONSANGABEN

Bei jedem Rezept sind die Zutaten für vier Personen angegeben. Es gibt Ausnahmen bei Süßspeisen und Kuchen, wenn eine Kasten- oder Springform gebraucht wird. Das gilt auch für Brühen, Schmalz oder Gänsebraten, die wegen des Gewichts oder einer langen Zubereitungszeit mehr Portionen ergeben. Das ist dann beim Rezept extra angegeben.

EIERSALAT
mit Schnittlauch

4 Personen

15 Min. Zubereitung

Salz & Pfeffer

Eier	Schnittlauch	mittelscharfer Senf
x 6	½ Bund	1 TL

1. Die **EIER** in etwa 10 Minuten hart kochen. Danach die **EIER** mit kaltem Wasser abschrecken, pellen, grob hacken oder in Viertel schneiden. Den **SCHNITTLAUCH** waschen, trocken schütteln und anschließend in feine Röllchen schneiden.

2. Den **SENF** mit dem **JOGHURT** in einer Schüssel verrühren und mit den **EIERN** und dem **SCHNITTLAUCH** vermengen. Den Salat mit Salz und Pfeffer würzen.

Joghurt
100 g

KOPFSALAT
mit gehackten Eiern

4 Personen

15 Min. Zubereitung

Salz & Pfeffer

Eier
x 2

Kopfsalat
x 1

Zwiebel
x 1

1. Die **EIER** in 10 Minuten hart kochen. Danach die **EIER** mit kaltem Wasser abschrecken, pellen und grob hacken.

2. Den **KOPFSALAT** putzen, entblättern, waschen und abtropfen lassen. Die **BLÄTTER** anschließend in Stücke zupfen.

3. Die **ZWIEBEL** schälen und fein hacken. Die **EIER** mit **ZWIEBEL**, **PFLANZENÖL** und **KRÄUTERESSIG** verrühren. Mit Salz und Pfeffer würzen. Die **EIER** locker mit dem **SALAT** vermengen.

Pflanzenöl
3 EL

Kräuteressig
2 EL

Herzhaftes KÄSE-OMELETT

- 4 Personen
- 10 Min. Zubereitung
- Salz & Pfeffer

| Eier | Milch | geriebener Käse |
| x 8 | 4 EL | (z. B. Bergkäse), 50 g |

1. **EIER** mit **MILCH** in einer Schüssel verquirlen und den **KÄSE** unterrühren. Die **EIERMILCH** mit Salz und Pfeffer würzen.

2. Die **BUTTER** in einer großen beschichteten Pfanne erhitzen, bis sie schäumt. Dann die **EIERMISCHUNG** dazugeben und etwa 3 Minuten anbacken lassen. Eine Hälfte des **OMELETTS** über die andere klappen und kurz backen.

3. Dann das **OMELETT** auf eine vorgewärmte Servierplatte gleiten lassen und sofort servieren.

VORSPEISEN I SNACKS

Butter
50 g

TIPP
Die Omeletts können auch portionsweise nacheinander zubereitet werden.

15

RÜHREI
mit Krabben

4 Personen

10 Min. Zubereitung

Salz & Pfeffer

Zwiebel	**Eier**	**Butter**
x 1	x 8	1 EL

1. Die **ZWIEBEL** schälen und fein würfeln. Die **EIER** in einer Schüssel verquirlen.

2. Die **BUTTER** in einer großen beschichteten Pfanne erhitzen, bis sie schäumt. Dann die **ZWIEBEL** darin glasig dünsten.

3. Die **EIER** dazugeben, mit Salz und Pfeffer würzen und die **EIER** 2–3 Minuten stocken lassen. Die **KRABBEN** darüberstreuen und etwa 1 Minute erwärmen.

VORSPEISEN I SNACKS

gepulte Nordseekrabben
200 g

TIPP
Nach dem Anbacken die Eier-Krabbenmischung mit einem Holzspatel durchrühren.

STRAMMER *Max*

4 Personen

10 Min. Zubereitung

Salz & Pfeffer

Mischbrot
4 Scheiben

Butter
2 EL

Kochschinken
4 Scheiben

1. Je 1 **BROTSCHEIBE** mit **BUTTER** bestreichen.

2. Etwas **BUTTER** in einer Pfanne zerlassen, die **SCHINKEN-SCHEIBEN** darin 1 Minute braten. Den **SCHINKEN** herausnehmen und jeweils auf 1 gebutterte **BROTSCHEIBE** legen.

3. Die restliche **BUTTER** in der Pfanne zerlassen, die **EIER** darin aufschlagen und in etwa 3 Minuten zu **SPIEGELEIERN** braten. Die **SPIEGELEIER** auf die **BROTE** setzen und mit Salz und Pfeffer würzen.

Eier
x 4

BAUERNFRÜHSTÜCK
aus der Pfanne

4 Personen

20 Min. Zubereitung

Salz & Pfeffer

große Zwiebel
x 1

Schweinebraten
150 g

Pellkartoffeln
500 g

1. Die **ZWIEBEL** schälen und fein würfeln. Den **SCHWEINE-BRATEN** in kleine Würfel schneiden. Die **PELLKARTOFFELN** pellen und in Scheiben schneiden.

2. 1 Esslöffel **BUTTER** in einer großen Pfanne erhitzen, die **ZWIEBEL-** und **FLEISCHWÜRFEL** darin 2 Minuten anbraten. Die **KARTOFFELN** dazugeben und mindestens 5 Minuten mitbraten. Mit Salz und Pfeffer würzen.

3. Die **EIER** verquirlen, über die **KARTOFFELN** gießen und in 3–4 Minuten stocken lassen.

Butter
2 EL

Eier
x 4

VORSPEISEN | SNACKS

TATAR
vom Rind

TIPP

Für das Tatar, auch Schabefleisch genannt, unbedingt frisch durchgedrehtes Rindfleisch, am besten Rinderfilet, verwenden.

4 Personen

15 Min. Zubereitung

Salz & Pfeffer

Zwiebel
x 1

Cornichons
x 5

Eigelb
x 2

1. Die **ZWIEBEL** schälen und fein würfeln. Die **CORNICHONS** in kleine Würfel schneiden.

2. Die **ZWIEBEL** und die **CORNICHONS** mit den **EIGELBEN,** dem **RINDERHACKFLEISCH, SENF** und **KAPERN** in eine Schüssel geben. Alles gründlich vermischen.

3. Das **TATAR** mit Salz und Pfeffer kräftig würzen.

Rinderhackfleisch
500 g

mittelscharfer Senf
1 TL

Kapern
1 EL

METT-IGEL
mit Brot

4 Personen

15 Min. Zubereitung

Salz & Pfeffer

Zwiebel
x 1

fertiges Schweinemett
500 g

grüne Oliven
x 2

1. Die **ZWIEBEL** schälen, halbieren und in Streifen schneiden.

2. Das **SCHWEINEMETT** zu einem Igel formen und die **ZWIEBEL-STREIFEN** als „Stacheln" hineinstecken. Die **OLIVEN** halbieren und als Augen und Nase in das **METT** stecken. Dazu **BROT,** Salz und Pfeffer extra reichen.

VORSPEISEN | SNACKS

Mischbrot
4 Scheiben

TIPP
Statt Brot passen auch gut Brezeln zum Hack.

25

RINDFLEISCHSALAT
mit Zwiebeln

- 4 Personen
- 20 Min. Zubereitung
- 20 Min. Marinieren
- Salz & Pfeffer

gekochtes Rindfleisch
500 g

Zwiebeln
x 2

Gewürzgurken
x 2

1. Das **RINDFLEISCH** in feine Streifen schneiden. Die **ZWIEBELN** schälen und in feine Streifen schneiden. Die **GEWÜRZGURKEN** längs in Scheiben und diese in lange Streifen schneiden. Die **PAPRIKASCHOTE** halbieren, putzen, waschen und in schmale Streifen schneiden.

2. Alle vorbereiteten Zutaten in eine Schüssel geben, mit **ÖL** und **ESSIG** vermengen. Den Salat salzen, pfeffern und anschließend etwa 20 Minuten ziehen lassen.

Paprikaschote
x 1

Pflanzenöl
5 EL

Kräuteressig
3 EL

FLEISCHSALAT
mit Mayonnaise

- 4 Personen
- 15 Min. Zubereitung
- Salz & Pfeffer

Fleischwurst
400 g

Gewürzgurken
x 4

Gurkenwasser
2 EL

1. Die **FLEISCHWURST** pellen und zuerst in Scheiben, dann in dünne Streifen schneiden. Die **GEWÜRZGURKEN** passend zur **WURST** ebenfalls in Streifen schneiden.

2. Die **MAYONNAISE** mit dem **GURKENWASSER** in einer Schüssel verrühren. Die **FLEISCHWURST-** und **GURKENSTREIFEN** dazugeben und untermischen. Den **FLEISCHSALAT** mit Salz und Pfeffer würzen.

VORSPEISEN | SNACKS

Mayonnaise
100 g

WURSTSALAT
mit Käse

4 Personen

20 Min. Zubereitung
30 Min. Marinieren

Salz & Pfeffer

Fleischwurst
300 g

Emmentaler Käse
300 g

große Zwiebel
x 1

1. Die **FLEISCHWURST** pellen. **WURST** und **KÄSE** in gleichmäßige und feine Streifen schneiden. Die **ZWIEBEL** schälen. Die **ZWIEBEL** und die **GEWÜRZGURKEN** in passende Streifen schneiden.

2. Die vorbereiteten Zutaten in einer Schüssel locker mit dem **PFLANZENÖL** und **ESSIG** vermischen. Den Salat mit Salz und Pfeffer würzen und mindestens 30 Minuten ziehen lassen.

VORSPEISEN | SNACKS

Gewürzgurken
x 2

Pflanzenöl
3 EL

Weißweinessig
2 EL

31

Überbackener SCHINKENTOAST

4 Personen

15 Min. Zubereitung

Weißbrot	**Butter**	**Kochschinken**
4 Scheiben	1 EL	4 Scheiben

1. Den Backofen auf 200 °C Ober-/Unterhitze (Umluft 180 °C) vorheizen.

2. Die **WEISSBROTSCHEIBEN** mit **BUTTER** bestreichen. Danach die **WEISSBROTSCHEIBEN** mit je 1 Scheibe **KOCHSCHINKEN** und 1 Scheibe **ANANAS** belegen. Zum Schluss jeweils 1 **KÄSE-SCHEIBE** darauflegen.

3. Die Toasts auf ein Backblech setzen und im Backofen auf der mittleren Schiene etwa 10 Minuten überbacken.

VORSPEISEN I SNACKS

Ananas (Dose)	**Käse (z. B. Grünländer)**
4 Scheiben	4 Scheiben

SPECKDATTELN
mit Mandeln

4 Personen

15 Min. Zubereitung

Salz & Pfeffer

Datteln
x 8

geschälte Mandeln
x 8

Frühstücksspeck
4 Scheiben

1. Die **DATTELN** waschen, halbieren, entsteinen und jeweils 1 **MANDEL** einsetzen. Die **SPECKSCHEIBEN** längs halbieren. Jede **DATTEL** rundherum mit **SPECK** umwickeln. Nach Bedarf mit Holzstäbchen befestigen.

2. Das **PFLANZENÖL** in einer Pfanne erhitzen, die **SPECKDATTELN** darin von allen Seiten in 3–4 Minuten goldbraun und knusprig braten. Anschließend die **SPECKDATTELN** herausnehmen und auf Küchenpapier entfetten.

Pflanzenöl
1 EL

TIPP
Anstelle von Datteln lassen sich auch Pflaumen verwenden.

HERINGSSALAT
mit Äpfeln

4 Personen

15 Min. Zubereitung
1 Std. Marinieren

Salz & Pfeffer

Salzheringsfilets
x 8

Apfel
x 1

Zwiebel
x 1

1. Die **FISCHFILETS** kalt abspülen, trocken tupfen und quer in kleine Stücke schneiden. Den **APFEL** waschen, schälen, halbieren, entkernen und klein würfeln. Die **ZWIEBEL** schälen, halbieren und in Streifen schneiden. Die **GEWÜRZGURKE** klein würfeln.

2. Alles mit dem **JOGHURT** vermengen, mit Salz und Pfeffer würzen. Den **HERINGSSALAT** für mindestens 1 Stunde in den Kühlschrank stellen.

Gewürzgurke
x 1

Joghurt
150 g

MATJES
mit Kartoffeln

4 Personen

35 Min. Zubereitung

Salz & Pfeffer

kleine festkochende Kartoffeln, 500 g

Matjesfilets
x 8

Zwiebel
x 1

1. Die **KARTOFFELN** waschen. Anschließend mit Schale in Salzwasser 25 Minuten garen.

2. Die **MATJESFILETS** waschen, trocken tupfen und in Stücke schneiden. Die **ZWIEBEL** schälen und würfeln. Den **DILL** waschen und hacken. Die **GEWÜRZGURKE** in kleine Würfel schneiden.

3. Die **SAURE SAHNE** mit den vorbereiteten Zutaten in einer Schüssel vermengen, salzen und pfeffern. Die **PELLKARTOFFELN** abgießen und dazu reichen.

Dill
½ kleines Bund

Gewürzgurke
x 1

saure Sahne
200 g

KRABBENSALAT
mit Dill

4 Personen

15 Min. Zubereitung
1 Std. Marinieren

Salz & Pfeffer

gepulte Nordseekrabben	**Dill**	**Zwiebel**
500 g	½ kleines Bund	x 1

1. Die **KRABBEN** gründlich waschen und in einem Sieb abtropfen lassen. Den **DILL** waschen, trocken schütteln und die **DILLSPITZEN** fein hacken. Die **ZWIEBEL** schälen und fein würfeln.

2. Den Saft der **ZITRONE** mit dem **PFLANZENÖL** verrühren und mit den vorbereiteten Zutaten locker vermengen.

3. Den **KRABBENSALAT** mit Salz und Pfeffer würzen und im Kühlschrank etwa 1 Stunde ziehen lassen.

Saft	**Pflanzenöl**
von 1 Zitrone	3 EL

MAKRELENSALAT
mit Dill

4 Personen

15 Min. Zubereitung
1 Std. Kühlen

Salz & Pfeffer

| geräucherte Makrelenfilets, 400 g | Salatgurke x 1 | Dill ½ kleines Bund |

1. Die **MAKRELENFILETS** schräg in kleine Streifen schneiden. Die **SALATGURKE** schälen, längs halbieren, entkernen und in Scheibchen schneiden. Den **DILL** waschen, trocken schütteln und fein hacken. Die **ZWIEBEL** schälen und fein würfeln.

2. Die Zutaten in einer Schüssel locker vermengen. Den **RÄUCHERFISCHSALAT** mit Salz und Pfeffer würzen und im Kühlschrank etwa 1 Stunde ziehen lassen.

| Zwiebel x 1 | Pflanzenöl 2 EL | Weißweinessig 2 EL |

ZIEGENFRISCHKÄSE
mit Bärlauch

- 4 Personen
- 10 Min. Zubereitung
- 20 Min. Marinieren
- Salz & Pfeffer

Bärlauch
1 kleines Bund

Olivenöl
100 ml

Ziegenfrischkäse
2 Rollen (à 200 g)

1. Den **BÄRLAUCH** putzen, waschen und fein hacken. Den **BÄRLAUCH** mit dem **OLIVENÖL** in einer Schüssel verrühren.

2. Den **ZIEGENFRISCHKÄSE** in Scheiben schneiden und auf einer Servierplatte anrichten. Den **KÄSE** mit dem **BÄRLAUCHÖL** beträufeln, mit Salz und Pfeffer würzen. Den **KÄSE** abgedeckt etwa 20 Minuten ziehen lassen.

3. Die **PINIENKERNE** klein hacken. Zum Servieren den **KÄSE** mit den **PINIENKERNEN** bestreuen.

VORSPEISEN | SNACKS

Pinienkerne
50 g

KÄSEBÄLLCHEN
mit Mandeln

4 Personen

15 Min. Zubereitung

Salz & Pfeffer

Kräuterfrischkäse
150 g

Doppelrahmfrischkäse
150 g

gehackte Mandeln
50 g

1. Beide **FRISCHKÄSESORTEN** verrühren und mit Salz und Pfeffer würzen. Die **MANDELN** auf einen Teller geben. Aus dem **FRISCHKÄSE** mit feuchten Händen 8 Bällchen formen.

2. Die **KÄSEBÄLLCHEN** in den **MANDELN** wälzen und bis zum Servieren kühl stellen.

VORSPEISEN | SNACKS

TIPP
Die Käsebällchen statt in Mandeln in Schnittlauchröllchen oder Paprikapulver wälzen.

Herzhafter OBATZDA

4 Personen

10 Min. Zubereitung
30 Min. Ruhen

Salz & Pfeffer

Zwiebel
x 1

reifer Camembert
200 g

weiche Butter
100 g

1. Die **ZWIEBEL** schälen und in feine Würfel schneiden.

2. Den **CAMEMBERT** in einen tiefen Teller geben und mit einer Gabel zerdrücken. Dann nach und nach die **WEICHE BUTTER** und die **ZWIEBEL** unter den **KÄSE** mischen.

3. Die **KÄSECREME** mit **PAPRIKAPULVER,** Salz und Pfeffer würzen und abgedeckt etwa 30 Minuten ziehen lassen.

VORSPEISEN | SNACKS

edelsüßes Paprikapulver
½ TL

TIPP
Wer mag, gibt noch etwas gemahlenen Kümmel in die Creme.

HANDKÄS
mit Musik

4 Personen

10 Min. Zubereitung
2 Std. Marinieren

Salz & Pfeffer

| **Harzer Käse** | **große Zwiebel** | **Leinöl** |
| 2 Rollen (à 200 g) | x 1 | 3 EL |

1. Den **HARZER KÄSE** in Scheibchen teilen und auf einem Teller breitflächig auslegen.

2. Die **ZWIEBEL** schälen, halbieren, in feine Streifen schneiden und über dem **KÄSE** verteilen.

3. **LEINÖL** mit **ESSIG** und **KÜMMEL** in einer Schüssel verrühren. Das Dressing kräftig mit Salz und Pfeffer würzen, dann über die **ZWIEBELN** und den **KÄSE** träufeln.

4. Vor dem Servieren den **HANDKÄS** abgedeckt etwa 2 Stunden im Kühlschrank ziehen lassen.

| **Weißweinessig** | **ganze Kümmelsamen** |
| 2 EL | ½ TL |

PELLKARTOFFELN
mit Kräuterquark

4 Personen

35 Min. Zubereitung

Salz & Pfeffer

kleine festkochende Kartoffeln, 1 kg

Zwiebel x 1

gemischte Kräuter 1 kleines Bund

1. Die **KARTOFFELN** waschen und anschließend mit der Schale in kochendem Salzwasser etwa 25 Minuten garen.

2. Die **ZWIEBEL** schälen und fein würfeln. Die **KRÄUTER** waschen und trocken schütteln, die Blättchen abzupfen und fein hacken.

3. Den **QUARK** mit **JOGHURT, ZWIEBELN** und **KRÄUTERN** verrühren. Den **KRÄUTERQUARK** mit Salz und Pfeffer würzen.

4. Die **KARTOFFELN** abgießen, pellen und dazu servieren.

VORSPEISEN | SNACKS

Speisequark (20 % Fett) 400 g

Joghurt 150 g

53

RADIESCHENQUARK
mit Schnittlauch

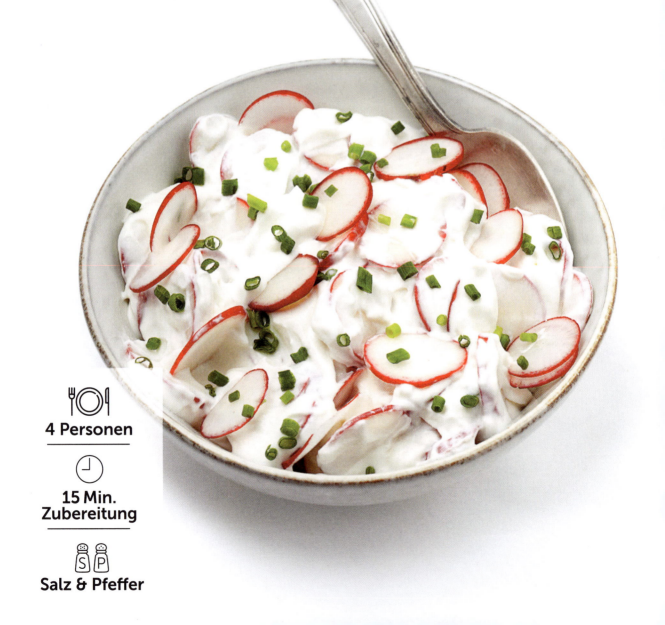

4 Personen

15 Min. Zubereitung

Salz & Pfeffer

Radieschen
1 Bund

Schnittlauch
½ kleines Bund

Sahne
100 g

1. Die **RADIESCHEN** putzen, waschen und in feine Scheibchen schneiden oder hobeln.

2. Den **SCHNITTLAUCH** waschen, trocken schütteln und in Röllchen schneiden. Die **SAHNE** mit dem Handrührgerät steif schlagen.

3. Den **QUARK** mit der **SAHNE** und dem **ZITRONENSAFT** verrühren. Die **RADIESCHEN** und den **SCHNITTLAUCH** untermischen und mit Salz und Pfeffer würzen.

Speisequark (20 % Fett)
400 g

Saft
von ½ Zitrone

RETTICHSALAT
mit Schnittlauch

4 Personen

10 Min. Zubereitung

Salz & Pfeffer

großer weißer Rettich	Sahne	Schnittlauch
x 1	5 EL	½ kleines Bund

1. Den **RETTICH** putzen, schälen und auf einer Küchenreibe fein hobeln oder raspeln.

2. Den **RETTICH** in einer Schüssel mit Salz bestreuen und mit der **SAHNE** vermischen.

3. Den **SCHNITTLAUCH** waschen, trocken schütteln und in feine Röllchen schneiden. Die **SCHNITTLAUCHRÖLLCHEN** unter den **RETTICH** mischen und den **RETTICHSALAT** mit Pfeffer abschmecken. Bis zum Servieren ziehen lassen.

TIPP
Wer es etwas fruchtiger mag, raspelt noch 1 Apfel in den Salat.

GRIEBENSCHMALZ
mit Majoran

8 Personen

35 Min. Zubereitung

Salz

roher Schweinespeck ohne Schwarte, 250 g

Majoran
2 Stiele

1. Den **SCHWEINESPECK** in etwa ½ cm kleine Würfel schneiden. Die **SPECKWÜRFEL** und den **MAJORAN** in einen breiten Topf geben und langsam bei niedriger Hitze in etwa 30 Minuten ausbraten. Das Fett wird klar, und es bilden sich kleine braune Grieben. Das klare Fett sowie die Grieben mit etwas Salz würzen.

2. Das **GRIEBENSCHMALZ** in kleine Steinguttöpfchen füllen, in den Kühlschrank stellen und fest werden lassen.

VORSPEISEN | SNACKS

TIPP
Auf einem frischen Brot schmeckt das Griebenschmalz besonders gut!

GÄNSESCHMALZ
mit Zwiebeln

8 Personen

30 Min. Zubereitung

Salz

roher Schweinespeck ohne Schwarte, 150 g

Gänseflomen (frisches Gänsefett), 150 g

große Zwiebel x 1

1. **SCHWEINE-** und **GÄNSEFETT** klein schneiden und in einem Topf bei mittlerer Hitze in 20 Minuten ausbraten, bis das Fett klar ist.

2. Die **ZWIEBEL** schälen und würfeln. Die **ÄPFEL** schälen, vierteln, entkernen und würfeln. Den **BEIFUSS** waschen, trocken schütteln und die Blättchen abzupfen. Die **ZWIEBEL** in das klare Fett geben und goldbraun braten. Topf vom Herd ziehen, **APFELWÜRFEL** und **BEIFUSS** unterrühren. Leicht salzen.

3. Das **GÄNSESCHMALZ** in Steinguttöpfchen füllen, kühl stellen.

VORSPEISEN | SNACKS

säuerliche Äpfel x 2

Beifuß 2 Stiele

61

Grundrezept
GEMÜSEBRÜHE

Für 2,5 l

1 Std. Zubereitung

Salz

Suppengemüse
1 Bund

Zwiebel
x 1

Knoblauchzehe
x 1

1. Das **SUPPENGEMÜSE** putzen, waschen und klein schneiden. **ZWIEBEL** und **KNOBLAUCH** halbieren. Die **TOMATE** waschen und die **CHAMPIGNONS** abreiben.

2. Alles mit 3 l kaltem Wasser in einen Topf geben. 1 Esslöffel Salz und 2 **PFEFFERKÖRNER** einrühren.

3. Alles aufkochen und bei niedriger Hitze 40 Minuten köcheln lassen. Die **GEMÜSEBRÜHE** durch ein Haarsieb passieren, auffangen und bis zur weiteren Verarbeitung abkühlen lassen.

SUPPEN | EINTÖPFE

kleine Tomate
x 1

Champignons
50 g

schwarze Pfefferkörner
x 2

Grundrezept
GEFLÜGELBRÜHE

Für 2,5 l

1 Std. Zubereitung

Salz

küchenfertiges Freiland-Suppenhuhn (etwa 1 kg), x 1

schwarze Pfefferkörner x 3–4

Suppengemüse 1 Bund

1. Das **SUPPENHUHN** innen und außen gründlich waschen und in einen großen Topf geben. Mit 3 l kaltem Wasser bedecken. 1 Esslöffel Salz und die **PFEFFERKÖRNER** hinzufügen. Das **SUPPENGEMÜSE** putzen, waschen und klein schneiden. Die **ZWIEBEL** halbieren und mit dem **GEMÜSE** in den Topf geben. Alles aufkochen und danach bei mittlerer Hitze etwa 1 Stunde köcheln lassen. Die **GEFLÜGELBRÜHE** zweimal passieren.

2. Das **HUHN** entbeinen. Das **FLEISCH** klein schneiden und als Einlage für die **BRÜHE** nehmen.

Zwiebel x 1

TIPP
Die selbst gemachte Geflügelbrühe schmeckt besonders gut und bildet die Basis für viele Gerichte.

SUPPEN | EINTÖPFE

Grundrezept
FLEISCHBRÜHE

Für 2 l

1 Std. 30 Min. Zubereitung

Salz

Rindfleisch
500 g

Rinderknochen
x 2

Suppengemüse
½ Bund

1. **RINDFLEISCH** und **RINDERKNOCHEN** waschen, in einen Topf geben, salzen und etwa 2,5 l kaltes Wasser dazugießen.

2. Das **SUPPENGEMÜSE** putzen, waschen, klein schneiden und hinzufügen. Alles aufkochen.

3. Die **ZWIEBEL** halbieren und die Schnittflächen in einer heißen Pfanne leicht bräunen, dann in den Topf geben. Alles bei niedriger Hitze knapp 1 Stunde 30 Minuten köcheln lassen. Die **BRÜHE** durch ein Haarsieb passieren und auffangen.

Zwiebel
x 1

SUPPEN | EINTÖPFE

HÜHNERSUPPE
mit Einlagen

4 Personen

30 Min. Zubereitung

Salz & Pfeffer

Suppennudeln
100 g

gekochtes Hühnerfleisch
200 g

Möhre
x 1

1. Die **SUPPENNUDELN** nach Packungsangabe garen, dann abgießen und abtropfen lassen.

2. Das **HÜHNERFLEISCH** in kleine Stücke schneiden. Die **MÖHRE** putzen und schälen. Den **LAUCH** putzen und waschen. Danach beides in feine Streifen schneiden. Die **GEFLÜGELBRÜHE** erhitzen und die **GEMÜSESTREIFEN** darin einige Minuten garen.

3. Das **HÜHNERFLEISCH** und die **NUDELN** hinzufügen. Die Suppe mit Salz und Pfeffer würzen.

Lauch
1 Stange

Geflügelbrühe
1 l

TIPP
Statt Suppennudeln lassen sich natürlich auch andere Nudelsorten, wie Spiral- oder Buchstabennudeln, verwenden.

GRIESSKLÖSSCHEN
Suppe

4 Personen

30 Min. Zubereitung

Salz

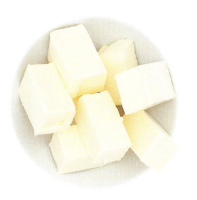
zimmerwarme Butter
40 g

Hartweizengrieß, grob
60 g

Ei
x 1

1. Die **BUTTER** in einer Schüssel geschmeidig rühren, nach und nach den **HARTWEIZENGRIESS** und das **EI** unterrühren. Die Masse mit Salz würzen und kurz ruhen lassen.

2. Die **FLEISCHBRÜHE** in einem Topf aufkochen. Aus der **GRIESSMASSE** mithilfe von zwei befeuchteten Esslöffeln kleine Klößchen abstechen und in die siedende **FLEISCHBRÜHE** geben. Die Klößchen etwa 20 Minuten ziehen lassen, aber nicht kochen.

Fleischbrühe
1,5 l

TIPP
Zum Servieren noch etwas frischen Schnittlauch über die Suppe geben.

RINDFLEISCHSUPPE
mit Einlagen

- 4 Personen
- 20 Min. Zubereitung
- Salz & Pfeffer

Suppennudeln
100 g

Möhre
x 1

Frühlingszwiebeln
x 2

1. Die **SUPPENNUDELN** nach Packungsangabe garen, dann abgießen und abtropfen lassen.

2. Die **MÖHRE** putzen und schälen. Die **FRÜHLINGSZWIEBELN** putzen und waschen. Beides in feine Streifen schneiden. Das **RINDFLEISCH** in Streifen schneiden.

3. Die **FLEISCHBRÜHE** in einem Topf aufkochen, die **GEMÜSE-** und **FLEISCHSTREIFEN** dazugeben und einige Minuten ziehen lassen.

4. Die **NUDELN** hinzufügen und die Suppe mit Salz und Pfeffer abschmecken.

gekochtes Rindfleisch
200 g

Fleischbrühe
1 ¼ l

TIPP
Wenn viel Brühe aufgekocht wird, können die Suppennudeln auch in der Brühe mitgegart werden.

SUPPEN | EINTÖPFE

MARKKLÖSSCHEN *Suppe*

🍴 4 Personen

🕐 20 Min. Zubereitung

🧂 Salz

Rindermark
50 g

Eier
x 2

Semmelbrösel
100 g

1. Das **RINDERMARK** in einem Topf unter Rühren schmelzen und dann leicht abkühlen lassen.

2. **EIER** und **SEMMELBRÖSEL** dazugeben und unter das **RINDERMARK** rühren. **MARK** mit Salz würzen und kurz ruhen lassen.

3. Die **FLEISCHBRÜHE** in einem Topf erhitzen. Aus der Masse mit feuchten Händen 8 Klößchen formen und dann in die leicht köchelnde **FLEISCHBRÜHE** geben. Die Klößchen etwa 10 Minuten ziehen lassen, aber nicht kochen.

Fleischbrühe
1 ¼ l

PFANNKUCHEN *Suppe*

4 Personen

30 Min. Zubereitung

Salz

Mehl	Milch	Eier
100 g	100 ml	x 2

1. Das **MEHL** mit **MILCH, EIERN** und 1 Prise Salz mit den Quirlen des Handrührgeräts glatt rühren.

2. Aus dem Teig 4 **PFANNKUCHEN** backen. Dafür etwas **PFLANZENÖL** in einer Pfanne erhitzen, ein Viertel von dem Teig dazugeben und auf beiden Seiten backen.

3. Die **PFANNKUCHEN** in dünne Streifen schneiden und in Suppenteller verteilen. Die **FLEISCHBRÜHE** erhitzen und darübergießen.

SUPPEN | EINTÖPFE

Pflanzenöl	Fleischbrühe
2 EL	1 l

TIPP
Den Teig mit gehackter Petersilie verfeinern.

Cremige KÄSESUPPE

🍴 4 Personen

🕐 30 Min. Zubereitung

🧂 Salz & Pfeffer

Zwiebel	**Butter**	**Fleischbrühe**
x 1	1 TL	600 ml

1. Die **ZWIEBEL** schälen und in feine Würfel schneiden. Die **BUTTER** in einem Topf erhitzen und die **ZWIEBEL** darin glasig dünsten.

2. **FLEISCHBRÜHE** und **SAHNE** dazugießen und aufkochen. Die Hitze reduzieren und den **KÄSE** unter Rühren nach und nach hinzufügen, bis er sich auflöst und die Suppe cremig wird.

3. Die Suppe mit Salz, Pfeffer und **MUSKAT** würzen und servieren.

SUPPEN | EINTÖPFE

Sahne	**frisch geriebener Emmentaler Käse,** 150 g	**frisch geriebene Muskatnuss,** 1 Prise
200 g		

KÜRBISSUPPE
mit Sahne

4 Personen

40 Min. Zubereitung

Salz & Pfeffer

Hokkaido-Kürbis
800 g

Suppengemüse
1 kleines Bund

Butter
1 EL

1. Den **KÜRBIS** waschen, entkernen und in etwa 2 cm große Stücke schneiden. Das **SUPPENGEMÜSE** putzen, waschen und würfeln.

2. Die **BUTTER** in einem Topf erhitzen, das **GEMÜSE** darin kurz andünsten. Die Kürbisstücke hinzufügen und alles 3–4 Minuten dünsten. Mit Salz und Pfeffer würzen. Die **GEMÜSEBRÜHE** dazugießen und aufkochen, den **KÜRBIS** bei niedriger Hitze in 15 Minuten weich garen.

3. Den **KÜRBIS** mit einem Stabmixer fein pürieren. Die Sahne dazugeben und erhitzen.

Gemüsebrühe
1 l

Sahne
150 g

TIPP
Je nach Belieben noch etwas frische Petersilie zum Servieren über die Suppe geben.

Fruchtige TOMATENSUPPE

4 Personen

30 Min. Zubereitung

Salz & Pfeffer

Knoblauchzehe
x 1

kleine Zwiebel
x 1

aromatische Tomaten
1 kg

1. **KNOBLAUCH** und **ZWIEBEL** schälen und fein würfeln. Die **TOMATEN** waschen, vierteln und die Stielansätze entfernen. Die Viertel entkernen.

2. Das **PFLANZENÖL** in einem Topf erhitzen, die **ZWIEBEL-** und **KNOBLAUCHWÜRFEL** darin glasig dünsten. Die **TOMATEN** hinzufügen und kurz mitdünsten, mit Salz und Pfeffer würzen.

3. Die **SAHNE** dazugießen und alles pürieren. Dann die Suppe aufkochen und zugedeckt bei mittlerer Hitze 10 Minuten köcheln lassen.

SUPPEN | EINTÖPFE

Pflanzenöl
1 EL

Sahne
200 g

frischer weißer Spargel
500 g

Zucker
1 Prise

Zitronensaft
2 Spritzer

1. Den **SPARGEL** schälen und in Stücke schneiden. Wasser mit Salz, 1 Prise **ZUCKER**, 1 Spritzer **ZITRONENSAFT** und 1 Messerspitze **BUTTER** aufkochen, den **SPARGEL** darin 20 Minuten garen. Den **SPARGEL** abgießen, 1 l Kochwasser abmessen.

2. Die **BUTTER** in einem Topf zerlassen, das **MEHL** darin anschwitzen. Unter Rühren das Kochwasser dazugeben, aufkochen und 10 Minuten köcheln lassen. Mit Salz, Pfeffer, 1 Prise **ZUCKER** und dem übrigen **ZITRONENSAFT** würzen. Anschließend den **SPARGEL** einlegen.

SUPPEN | EINTÖPFE

Butter
1 Msp. + 2 EL

Mehl
1 EL

Deftige KARTOFFELSUPPE

- 4 Personen
- 40 Min. Zubereitung
- Salz & Pfeffer

Zwiebel	Suppengemüse	festkochende Kartoffeln
x 1	¼ Bund	400 g

1. Die **ZWIEBEL** schälen und würfeln. Das **SUPPENGEMÜSE** putzen, waschen und klein schneiden. Die **KARTOFFELN** waschen, schälen und in Stücke schneiden.

2. Das **PFLANZENÖL** in einem Topf erhitzen, **ZWIEBELN** und **SPECK** darin kurz andünsten. **GEMÜSE** und **KARTOFFELN** hinzufügen, salzen und pfeffern. Die **GEMÜSEBRÜHE** dazugießen und aufkochen, dann 30 Minuten köcheln lassen.

3. Den Topf beiseitestellen und die Kartoffelsuppe mit einem Stabmixer pürieren.

SUPPEN I EINTÖPFE

Pflanzenöl	Räucherspeck, gewürfelt	Gemüsebrühe
2 EL	50 g	1,5 l

Feine LINSENSUPPE

- 4 Personen
- 40 Min. Zubereitung
- Salz & Pfeffer

Zwiebel
x 1

Knoblauchzehe
x 1

Pflanzenöl
2 EL

1. **ZWIEBEL** und **KNOBLAUCH** schälen und würfeln. Das **PFLANZENÖL** in einem Topf erhitzen und **ZWIEBEL** und **KNOBLAUCH** 2 Minuten andünsten. **LINSEN** und **TOMATENMARK** hinzufügen und anrösten. Die **GEMÜSEBRÜHE** dazugießen, aufkochen, salzen und pfeffern.

2. Alles zugedeckt bei niedriger Hitze 30 Minuten köcheln lassen, bis die **LINSEN** gar sind.

SUPPEN | EINTÖPFE

Belugalinsen
200 g

Tomatenmark
1 TL

Gemüsebrühe
1 l

Gelbe ERBSENSUPPE

🍽️
4 Personen

🕐
1 Std. 30 Min.
Zubereitung
12 Std.
Einweichen

🧂
Salz & Pfeffer

getrocknete gelbe, unge-
schälte Erbsen, 250 g

Suppengemüse
1 kleines Bund

festkochende Kartoffeln
400 g

1. Die **ERBSEN** waschen und in 1,5 l Wasser 12 Stunden einweichen. Das **SUPPENGEMÜSE** putzen, waschen und klein schneiden. Die **KARTOFFELN** waschen, schälen und würfeln. Die **ZWIEBEL** schälen und würfeln. Das **PFLANZENÖL** in einem breiten Topf erhitzen und **ZWIEBEL, GEMÜSE** und **KARTOFFELN** einige Minuten andünsten. Die **ERBSEN** mit Einweichwasser zugeben und aufkochen. Mit Salz, Pfeffer und 1 Prise **MAJORAN** würzen.

2. Alles 1 Stunde garen. Nach Belieben grob bis fein pürieren.

SUPPEN I EINTÖPFE

Zwiebel
x 1

Pflanzenöl
2 EL

getrockneter Majoran

BOHNEN, BIRNEN
und Speck

4 Personen

45 Min. Zubereitung

Salz & Pfeffer

grüne Bohnen
800 g

Pflanzenöl
1 EL

Räucherspeck, gewürfelt
200 g

1. Die **BOHNEN** putzen, waschen, je nach Größe halbieren und in Salzwasser kurz blanchieren, kalt abschrecken und abtropfen lassen. Das **ÖL** in einem Topf erhitzen, den **SPECK** darin 2 Minuten braten. Die **BOHNEN** und 500 ml Wasser dazugeben. Das **BOHNENKRAUT** waschen. Die **BOHNEN** mit Salz, Pfeffer und **BOHNENKRAUT** würzen. Die **BIRNEN** schälen, halbieren, entkernen und auf die **BOHNEN** legen.

2. Alles aufkochen und zugedeckt bei niedriger Hitze 30 Minuten köcheln lassen.

Bohnenkraut
2 Stiele

kleine Birnen
x 4

PICHELSTEINER
Eintopf

- 4 Personen
- 50 Min. Zubereitung
- Salz & Pfeffer

Rind- und Schweine-
fleisch, 400 g

Zwiebeln
x 2

Möhren
x 2

1. Das **FLEISCH** etwa 2 cm groß würfeln. Die **ZWIEBELN** schälen und in Streifen schneiden. **MÖHREN** und **KARTOFFELN** waschen, schälen und in Scheiben schneiden. Das **ÖL** in einem Topf erhitzen und das **FLEISCH** darin anbraten. Die **ZWIEBELN** einige Minuten mitbraten. Die Hälfte herausnehmen. Mit **MÖHREN** und **KARTOFFELN** lagenweise in den Topf einschichten, dabei salzen und pfeffern.

2. Die **FLEISCHBRÜHE** dazugießen. Anschließend aufkochen und 40 Minuten garen.

SUPPEN | EINTÖPFE

festkochende Kartoffeln
500 g

Pflanzenöl
2 EL

Fleischbrühe
750 ml

STECKRÜBEN
Suppe

- 4 Personen
- 40 Min. Zubereitung
- Salz & Pfeffer

Steckrüben
400 g

Suppengemüse
½ Bund

festkochende Kartoffeln
200 g

1. Das **GEMÜSE** waschen. **STECKRÜBEN, MÖHRE, SELLERIE** vom **SUPPENGEMÜSE** und **KARTOFFELN** schälen. Alles in etwa 1 ½ cm große Würfel schneiden. Das **PFLANZENÖL** erhitzen und die **GEMÜSEWÜRFEL** einige Minuten darin andünsten. Mit Salz und Pfeffer würzen.

2. Die **GEMÜSEBRÜHE** dazugießen und aufkochen. Alles bei mittlerer Hitze etwa 30 Minuten garen.

SUPPEN I EINTÖPFE

Pflanzenöl
2 EL

Gemüsebrühe
1 l

TIPP
Dazu passen frisch gehackte Kräuter.

Einfache GULASCHSUPPE

4 Personen

40 Min. Zubereitung

Salz & Pfeffer

große Zwiebel	Rindergulasch	Pflanzenöl
x 1	250 g	3 EL

1. Die **ZWIEBEL** schälen und fein würfeln. Das **GULASCH** klein schneiden.

2. Das **PFLANZENÖL** in einem Topf erhitzen, das **FLEISCH** darin braun anbraten. **ZWIEBELWÜRFEL** und **TOMATENMARK** dazugeben und kurz mit anrösten. Mit Salz, Pfeffer und **PAPRIKAPULVER** kräftig würzen.

3. Die **FLEISCHBRÜHE** dazugießen, aufkochen und bei mittlerer Hitze 30 Minuten köcheln lassen.

SUPPEN I EINTÖPFE

Tomatenmark	edelsüßes und rosenscharfes Paprikapulver	Fleischbrühe
1 TL		1,5 l

KALTE GURKENSUPPE
mit Croûtons

4 Personen

20 Min. Zubereitung

Salz & Pfeffer

Weißbrot
2 Scheiben

Butter
1 EL

große Salatgurke
x 1

1. Das **WEISSBROT** klein würfeln. Die **BUTTER** erhitzen, die **BROTWÜRFEL** darin von allen Seiten in 2–3 Minuten knusprig braten.

2. Die **SALATGURKE** waschen, schälen, längs halbieren und entkernen. Die Gurkenhälften in kleine Stücke schneiden, mit **JOGHURT** und **ZITRONENSAFT** im Standmixer pürieren. Mit Salz und Pfeffer würzen und auf Suppenschalen verteilen. Mit **CROÛTONS** bestreuen.

SUPPEN I EINTÖPFE

Joghurt
250 g

Saft
von ½ Zitrone

TIPP
Mit frisch gehackten Kräutern bestreuen.

Klassische EIERSPÄTZLE

🍽️
4 Personen

🕐
40 Min. Zubereitung

Salz

Mehl
500 g

Eier
x 6

1. **MEHL, EIER,** Salz und 250 ml kaltes Wasser zu einem zähflüssigen, geschmeidigen Teig verrühren. Genügend Salzwasser in einem breiten Topf aufkochen.

2. Den Teig portionsweise mit einem Spätzlehobel in das kochende Salzwasser schaben. Die **SPÄTZLE** mit einem Schaumlöffel herausnehmen, sobald sie an der Oberfläche schwimmen. Die **SPÄTZLE** abtropfen lassen.

BEILAGEN I SALATE I SOSSEN

TIPP
Die Spätzle in Butter braten und als Beilage servieren.

BRATKARTOFFELN
mit Speck

4 Personen

30 Min. Zubereitung

Salz & Pfeffer

Pellkartoffeln vom Vortag
600 g

Räucherspeck
50 g

Zwiebel
x1

1. Die **PELLKARTOFFELN** pellen und in Scheiben schneiden. Den **RÄUCHERSPECK** in kleine Würfel schneiden. Die **ZWIEBEL** schälen und fein würfeln.

2. Das **PFLANZENÖL** in einer großen Pfanne erhitzen. **SPECK** und **ZWIEBEL** 2–3 Minuten anbraten.

3. Die **KARTOFFELSCHEIBEN** dazugeben und auf beiden Seiten knusprig und goldbraun braten. Die Bratkartoffeln mit Salz und Pfeffer würzen und servieren.

BEILAGEN | SALATE | SOSSEN

Pflanzenöl
4 EL

TIPP
Wer möchte, würzt die Bratkartoffeln noch mit Kümmel, edelsüßem Paprikapulver und Rosenpaprika.

KARTOFFELBREI
mit Muskatnuss

- 4 Personen
- 40 Min. Zubereitung
- Salz

mehlig kochende Kartoffeln, 1 kg   Milch   zimmerwarme Butter
                                                   250 ml   2 EL

1. Die **KARTOFFELN** waschen, schälen und je nach Größe halbieren oder vierteln. Die **KARTOFFELN** in kochendem Salzwasser in etwa 30 Minuten weich garen.

2. Abgießen und die heißen **KARTOFFELN** mit einem Kartoffelstampfer zerdrücken oder durch eine Kartoffelpresse drücken. Anschließend die **MILCH** erhitzen.

3. **MILCH** und **BUTTER** zu den **KARTOFFELN** geben und verrühren. Den **KARTOFFELBREI** mit Salz und **MUSKAT** würzen.

BEILAGEN I SALATE I SOSSEN

frisch geriebene Muskatnuss, 1 Prise

107

Grundrezept
KARTOFFELNUDELN

- 4 Personen
- 1 Std. Zubereitung
- Salz

mehlig kochende Kartoffeln, 1 kg

Mehl 100 g

Eier x 2

1. Die **KARTOFFELN** waschen und in kochendem Salzwasser in etwa 30 Minuten garen.

2. Die **KARTOFFELN** abgießen, pellen und durch eine Kartoffelpresse drücken. Mit **MEHL,** Salz und **EIERN** zu einem Teig verkneten.

3. Aus dem Teig portionsweise fingerdicke Nudeln formen.

4. Die **BUTTER** in einer großen Pfanne erhitzen, die **KARTOFFELNUDELN** darin von allen Seiten in etwa 5 Minuten goldbraun braten.

Butter 2 EL

TIPP
Dazu passt gut Sauerkraut (siehe S. 157)

Grundrezept
KARTOFFELKLÖSSE

4 Personen

1 Std. Zubereitung

Salz

mehlig kochende Kartoffeln, 1 kg

Speisestärke 80 g

Eigelbe x 2

1. Die **KARTOFFELN** waschen, schälen und in kochendem Salzwasser je nach Größe in etwa 30 Minuten garen.

2. Die **KARTOFFELN** abgießen und ausdampfen lassen, pellen und durch eine Kartoffelpresse drücken. Mit 1 Teelöffel Salz würzen. Die **KARTOFFELN** mit **SPEISESTÄRKE** und **EIGELBEN** zu einem glatten Teig verkneten. Aus dem Teig mit feuchten Händen 8 große oder 12 kleine Klöße formen und in leicht siedendem Salzwasser 10–12 Minuten garen. Die Klöße herausnehmen und abtropfen lassen.

BEILAGEN I SALATE I SOSSEN

TIPP

Die Klöße am besten zur Roulade (siehe S. 233) oder zum Schweinebraten (siehe S. 235) servieren.

KARTOFFELKLÖSSE
halb und halb

4 Personen

45 Min. Zubereitung
30 Min. Ruhen

Salz

Pellkartoffeln vom Vortag, 500 g

mehlig kochende Kartoffeln, 500 g

Mehl 100 g

1. Die **PELLKARTOFFELN** pellen und auf einer Küchenreibe grob raspeln. Die rohen **KARTOFFELN** waschen, schälen, ebenfalls reiben und mit den Händen fest ausdrücken. Die gekochten und rohen geriebenen **KARTOFFELN** mit **MEHL** und **EIERN** zu einem Teig verkneten. Den Teig im Kühlschrank 30 Minuten ruhen lassen.

2. Aus dem Teig mit feuchten Händen 8 große oder 12 kleine **KLÖSSE** formen. In siedendem Salzwasser etwa 20 Minuten ziehen lassen. Anschließend die **KLÖSSE** herausnehmen und abtropfen lassen.

Eier x 2

Grundrezept
SEMMELKNÖDEL

- 4 Personen
- 40 Min. Zubereitung
- Salz

Brötchen (1–2 Tage alt)
x 4

heiße Milch
250 ml

Zwiebel
x 1

1. Die **BRÖTCHEN** klein schneiden und mit **HEISSER MILCH** begießen. Die **ZWIEBEL** schälen und würfeln.

2. Die **BUTTER** erhitzen, die **ZWIEBEL** darin kurz andünsten und zu den **BRÖTCHEN** geben. Die **BRÖTCHEN** salzen, mit den **EIERN** verkneten. Nach Bedarf etwas **MEHL** unterkneten.

3. Aus der Masse mit feuchten Händen Knödel formen. In siedendem Salzwasser bei mittlerer Hitze 15 Minuten ziehen lassen. Die Semmelknödel herausnehmen und abtropfen lassen.

BEILAGEN | SALATE | SOSSEN

Butter
1 EL

Eier (S)
x 2

etwas Mehl

KARTOFFELPUFFER
mit Zwiebeln

4 Personen

50 Min. Zubereitung

Salz

| mehlig kochende Kartoffeln, 600 g | Zwiebel x 1 | Ei x 1 |

1. Die **KARTOFFELN** waschen, schälen, auf einer Reibe raspeln und mit den Händen fest ausdrücken. Die **ZWIEBEL** schälen und ebenfalls raspeln. Die Kartoffelmasse mit **ZWIEBEL, EI** und **MEHL** vermischen und leicht kneten.

2. Das **BUTTERSCHMALZ** in einer Pfanne erhitzen, die Kartoffelmasse esslöffelweise hineingeben und platt drücken. Die kleinen Puffer auf beiden Seiten knusprig und goldbraun backen. Die Kartoffelpuffer herausnehmen und auf Küchenpapier entfetten.

BEILAGEN | SALATE | SOSSEN

| Mehl 1 EL | Butterschmalz 2 EL |

RÖSTI
aus Pellkartoffeln

4 Personen

30 Min. Zubereitung

Salz & Pfeffer

Pellkartoffeln vom Vortag, 600 g

Zwiebel
x 1

Räucherspeck
50 g

1. Die **PELLKARTOFFELN** pellen und auf einer Reibe grob raspeln. Die **ZWIEBEL** schälen und fein würfeln. Den **RÄUCHERSPECK** in feine Würfel schneiden.

2. Das **BUTTERSCHMALZ** in einer Pfanne erhitzen, die **ZWIEBEL-** und **RÄUCHERSPECKWÜRFEL** darin kurz anbraten. Die **KARTOFFELN** hinzufügen und mit einem Pfannenspatel andrücken und zusammenschieben und bei niedriger Hitze 8–10 Minuten backen. Mit Salz und Pfeffer würzen. Dann vorsichtig mithilfe eines Tellers umdrehen, wieder in die Pfanne gleiten lassen und in 5–7 Minuten fertig backen.

Butterschmalz
2 EL

TIPP
Der Rösti ist die perfekte Beilage zum Rahmgeschnetzelten (siehe S. 203).

KÄSESPÄTZLE
mit Röstzwiebeln

4 Personen

30 Min. Zubereitung

Salz & Pfeffer

große Zwiebel
x 1

Butter
2 EL

Eierspätzle (siehe S. 103; oder Kühltheke), 800 g

1. Die **ZWIEBEL** schälen, halbieren und in Streifen schneiden. 1 Esslöffel **BUTTER** in einer Pfanne erhitzen und die **ZWIEBELSTREIFEN** darin 6–7 Minuten rösten.

2. Parallel dazu 1 Esslöffel **BUTTER** in einer zweiten Pfanne erhitzen, die **EIERSPÄTZLE** darin unter Schwenken erhitzen. Die **SPÄTZLE** mit Salz, Pfeffer und **MUSKAT** würzen. Den **KÄSE** darüberstreuen, die **SPÄTZLE** zugedeckt braten, bis der **KÄSE** geschmolzen ist. Mit **RÖSTZWIEBELN** anrichten.

BEILAGEN | SALATE | SOSSEN

geriebener Käse (z. B. Emmentaler), 150 g

frisch geriebene Muskatnuss, 1 Prise

SPINATSPÄTZLE
mit Muskatnuss

4 Personen

1 Std. Zubereitung

Salz & Pfeffer

Blattspinat	Mehl	Eier
200 g	500 g	x 4

1. Den **SPINAT** putzen, waschen und in kochendem Salzwasser etwa 1 Minute blanchieren, dann herausnehmen, kalt abschrecken, ausdrücken und pürieren.

2. **MEHL** mit **SPINAT, EIERN** und 100 ml Wasser verrühren. Den Teig mit einem Spätzlehobel in kochendes Salzwasser schaben. Die Spätzle herausnehmen und abtropfen lassen. Die **ZWIEBEL** schälen und würfeln. Die **BUTTER** in einer großen Pfanne erhitzen, die **ZWIEBEL** darin glasig dünsten. Die **SPÄTZLE** dazugeben und schwenken, mit Salz, Pfeffer und **MUSKAT** würzen.

BEILAGEN | SALATE | SOSSEN

große Zwiebel	Butter	frisch geriebene Muskatnuss, 1 Prise
x 1	2 EL	

BLUMENKOHL
mit Butterbröseln

4 Personen

30 Min. Zubereitung

Salz

Blumenkohl
x 1

Butter
100 g

Semmelbrösel
3 EL

1. Den **BLUMENKOHL** putzen, in **RÖSCHEN** teilen und waschen. Wasser in einem Topf aufkochen und salzen. Die **RÖSCHEN** darin 8–10 Minuten garen. Die **RÖSCHEN** herausnehmen, abtropfen lassen und auf einer vorgewärmten Servierplatte anrichten.

2. Die **BUTTER** in einer Pfanne erhitzen, bis sie schäumt. Die **SEMMELBRÖSEL** darin unter Rühren leicht rösten. Mit Salz würzen und den **BLUMENKOHL** damit löffelweise überziehen. Oder die **BLUMENKOHLRÖSCHEN** in den **SEMMELBRÖSELN** schwenken.

BEILAGEN | SALATE | SOSSEN

TIPP
Wer mag, gibt noch 1 Spritzer Zitronensaft hinzu.

Grünes ERBSENPÜREE

4 Personen

1 Std. Zubereitung

Salz & Pfeffer

| **Schälerbsen** | **Zwiebel** | **Räucherspeck** |
| 400 g | x1 | 100 g |

1. Die **SCHÄLERBSEN** in 1 l kochendem Salzwasser etwa 50 Minuten garen. Die **ZWIEBEL** schälen und fein würfeln. Den **RÄUCHERSPECK** in kleine Würfel schneiden.

2. Die **BUTTER** in einer Pfanne erhitzen, die **ZWIEBEL-** und **SPECKWÜRFEL** darin knusprig anbraten.

3. Die **ERBSEN** mit dem wenigen Kochwasser fein pürieren und offen etwas einkochen lassen. Mit Salz und Pfeffer würzen. Dann das **ERBSENPÜREE** mit den **SPECK-** und **ZWIEBELWÜRFELN** anrichten.

BEILAGEN I SALATE I SOSSEN

Butter
1 EL

TIPP
Schälerbsen sind getrocknete Erbsen ohne Schale.

Glasierte MÖHREN

4 Personen

25 Min. Zubereitung

Salz & Pfeffer

junge Möhren	Butter	Zucker
800 g	2 EL	1 EL

1. Die **MÖHREN** putzen, schälen und in Scheibchen schneiden. Die **MÖHRENSCHEIBEN** in kochendes Salzwasser geben und einmal aufkochen. Die Möhren abgießen und dabei etwa 100 ml Kochwasser auffangen und beiseitestellen.

2. Die **BUTTER** in einem Topf erhitzen, bis sie schäumt. Den **ZUCKER** darin auflösen. Die **MÖHRENSCHEIBCHEN** hinzufügen, salzen, pfeffern und 2–3 Minuten darin schwenken. Die Möhren mit dem Kochwasser beträufeln.

BEILAGEN | SALATE | SOSSEN

TIPP
Die Möhren mit gehacktem Möhrengrün anrichten.

Geschmortes GURKENGEMÜSE

TIPP
Mit frisch gehacktem Dill anrichten.

4 Personen

30 Min. Zubereitung

Salz & Pfeffer

Salatgurke
800 g

Zwiebel
x 1

Butter
1 EL

1. Die **GURKE** schälen, längs halbieren, entkernen und in fingerdicke Stücke schneiden. **ZWIEBEL** schälen und würfeln.

2. Die **BUTTER** in einer Pfanne erhitzen, die **ZWIEBEL** darin glasig dünsten. Die **GURKENSTÜCKE** hinzufügen und 10 Minuten im eigenen Saft schmoren. Mit 1 Prise **ZUCKER, ESSIG,** Salz und Pfeffer würzen. **SAHNE** dazugeben und erhitzen.

BEILAGEN I SALATE I SOSSEN

Zucker
1 Prise

Weißweinessig
1 Spritzer

Sahne
100 g

Cremiges KOHLRABIGEMÜSE

- 4 Personen
- 20 Min. Zubereitung
- Salz & Pfeffer

Kohlrabi (2–3 Stück)
500 g

Butter
1 EL

Zucker
½ TL

1. Den **KOHLRABI** schälen, halbieren oder vierteln und die Hälften oder Viertel dann quer in Scheibchen schneiden. 2–3 **KOHLRABIBLÄTTER** waschen und in Streifen schneiden.

2. Die **BUTTER** in einem Topf erhitzen, bis sie schäumt. Die **KOHLRABISCHEIBEN** dazugeben und mit **ZUCKER,** Salz und Pfeffer würzen. Zugedeckt 4–5 Minuten dünsten.

3. Die **SAHNE** dazugießen, aufkochen und offen kurz einkochen lassen. Die **KOHLRABIBLÄTTER** unterrühren.

BEILAGEN I SALATE I SOSSEN

Sahne
150 g

Vegetarisches KOHLRABISCHNITZEL

- 4 Personen
- 30 Min. Zubereitung
- Salz & Pfeffer

Kohlrabi	Mehl	Eier
x 2	150 g	x 2

1. Den **KOHLRABI** schälen und in 1 cm dicke Scheiben schneiden. Die Scheiben mit Salz und Pfeffer würzen und in **MEHL** wenden. Die **EIER** verquirlen. Zum Panieren die **KOHLRABI-SCHEIBEN** erst durch die **EIER** ziehen und anschließend in den **SEMMELBRÖSELN** wenden.

2. Das **PFLANZENÖL** in einer Pfanne erhitzen und die **KOHL-RABISCHNITZEL** darin bei mittlerer Hitze auf jeder Seite in 2–3 Minuten knusprig und goldbraun braten. Die Kohlrabischnitzel herausnehmen und auf Küchenpapier entfetten.

BEILAGEN | SALATE | SOSSEN

Semmelbrösel	Pflanzenöl
200 g	5 EL

SPARGEL
mit Schinken und Butter

4 Personen

40 Min. Zubereitung

Salz

frischer weißer Spargel
2 kg

Zucker
1 Prise

Butter
1 TL + 100 g

1. Den **SPARGEL** von den holzigen Enden befreien und die Stangen schälen. Reichlich Wasser, Salz, 1 Prise **ZUCKER,** 1 Teelöffel **BUTTER** und **ZITRONENSAFT** in einen großen Topf geben und aufkochen.

2. Die **SPARGELSTANGEN** in das kochende Wasser geben und bei mittlerer Hitze 12–15 Minuten ziehen lassen, bis sie gar sind. Den Spargel herausnehmen und abtropfen lassen.

3. Die übrige **BUTTER** in einem kleinen Topf zerlassen und mit dem **SCHINKEN** zum **SPARGEL** servieren.

Zitronensaft
1 TL

Kochschinken
200 g

BEILAGEN I SALATE I SOSSEN

SCHWARZWURZELN
mit Lauch

4 Personen

40 Min. Zubereitung

Salz & Pfeffer

Schwarzwurzeln
800 g

Weißweinessig
3 EL

Lauch (nur das Weiße)
1 Stange

1. Die **SCHWARZWURZELN** schälen, halbieren und in eine Schüssel mit **ESSIGWASSER** legen. Wasser in einem Topf aufkochen und salzen. Die **SCHWARZWURZELN** darin etwa 25 Minuten garen. Abgießen und 100 ml Kochwasser auffangen. Den **LAUCH** putzen und waschen. Anschließend das Weiße in Streifen schneiden.

2. Die **BUTTER** zerlassen, den **LAUCH** darin kurz andünsten. Die **SCHWARZWURZELN** dazugeben kurz mitdünsten, salzen und pfeffern. Kochwasser und die **SAHNE** dazugeben und 5 Minuten köcheln lassen. Dann servieren.

BEILAGEN I SALATE I SOSSEN

Butter
1 EL

Sahne
200 g

PRINZESSBOHNEN
im Speckmantel

4 Personen

25 Min. Zubereitung

Salz & Pfeffer

Prinzessbohnen
600 g

Räucherspeck
8 dünne Scheiben

Butter
1 EL

1. Die **PRINZESSBOHNEN** verlesen, waschen und die Enden abschneiden. Die **BOHNEN** in kochendem Salzwasser etwa 5 Minuten garen, dann abgießen und mit kaltem Wasser abschrecken. Die **BOHNEN** in 8 Portionen teilen und jeweils mit 1 Scheibe **RÄUCHERSPECK** fest umwickeln. Mit Salz und Pfeffer würzen.

2. Eine Auflaufform mit **BUTTER** einfetten, die **BOHNENPÄCKCHEN** mit der **SPECKNAHT** nach unten hineinlegen und im Backofen bei 200 °C Grillstufe (Umluft 180 °C) 5–6 Minuten grillen.

TIPP
Dazu passen gut Bratkartoffeln (siehe S. 105) oder Kartoffelbrei (siehe S. 107).

RAHMSPINAT
mit Knoblauch

4 Personen

20 Min. Zubereitung

Salz & Pfeffer

TIPP
Kinder essen den Rahmspinat gern püriert.

frischer Blattspinat
1 kg

Schalotten
x 2

Knoblauchzehen
x 2

1. **BLATTSPINAT** verlesen, putzen, waschen, blanchieren und abtropfen lassen. **SCHALOTTEN** und **KNOBLAUCH** schälen und fein würfeln.

2. Die **BUTTER** in einem breiten Topf erhitzen, **SCHALOTTEN** und **KNOBLAUCH** darin glasig dünsten. Den **SPINAT** hinzufügen und zugedeckt 4–5 Minuten garen. Die **SAHNE** dazugießen und aufkochen. Den **SPINAT** mit Salz, Pfeffer und **MUSKAT** würzen.

BEILAGEN I SALATE I SOSSEN

Butter
1 EL

Sahne
100 g

frisch geriebene Muskatnuss, 1 Prise

BROKKOLI
mit Schinken und Käse

4 Personen

30 Min. Zubereitung

Salz & Pfeffer

Brokkoli	**Zwiebel**	**Kochschinken**
600 g	x1	100 g

1. Den **BROKKOLI** putzen, waschen und in **RÖSCHEN** teilen. Wasser in einem Topf aufkochen und salzen. Den **BROKKOLI** dazugeben und 1–2 Minuten garen. Wasser abgießen und das Gemüse kalt abschrecken.

2. Die **ZWIEBEL** schälen und würfeln. Den **SCHINKEN** in feine Streifen schneiden. Die **BUTTER** in einer Pfanne erhitzen, beides darin etwa 2 Minuten dünsten. Den **BROKKOLI** hinzufügen und einige Minuten schwenken. Mit Salz und Pfeffer würzen. Den **BROKKOLI** mit **KÄSE** und **MUSKATNUSS** bestreut servieren.

BEILAGEN | SALATE | SOSSEN

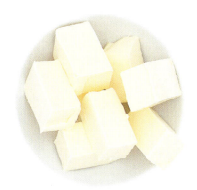  

Butter	**geriebener Bergkäse**	**frisch geriebene Muskatnuss,** 1 Prise
1 EL	50 g	

RAHMPFIFFERLINGE
mit Speck

TIPP
Dazu passen sehr gut Semmelknödel (siehe S. 115).

- 4 Personen
- 30 Min. Zubereitung
- Salz & Pfeffer

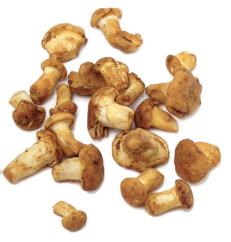  

Pfifferlinge
500 g

Zwiebel
x1

Butter
1 EL

1. Die **PFIFFERLINGE** putzen, waschen und abtrocknen. Die **ZWIEBEL** schälen und sehr fein würfeln.

2. Die **BUTTER** in einer Pfanne erhitzen, **ZWIEBEL** und **SPECK** darin etwa 2 Minuten anbraten. Die **PILZE** dazugeben und braten, bis der Pilzsaft verdampft ist. Mit Salz und Pfeffer würzen. Dann die **SAHNE** dazugeben, aufkochen und offen 3–4 Minuten einkochen lassen. Die **PETERSILIE** unterrühren und servieren.

BEILAGEN I SALATE I SOSSEN

Räucherspeck, gewürfelt
100 g

Sahne
200 g

Petersilie, fein gehackt
½ Bund

ROSENKOHL
mit Mandeln

4 Personen

30 Min. Zubereitung

Salz & Pfeffer

Rosenkohl
800 g

Mandelblättchen
2 EL

Zwiebel
x1

1. Den **ROSENKOHL** putzen, waschen, den Strunk kreuzweise einschneiden. Wasser in einem Topf aufkochen und salzen. Den **ROSENKOHL** darin 10 Minuten garen. Abgießen und abtropfen lassen.

2. Die **MANDELBLÄTTCHEN** in einer Pfanne rösten und beiseitestellen. Die **ZWIEBEL** schälen und würfeln. Die **BUTTER** erhitzen, die **ZWIEBEL** darin glasig dünsten. Den **ROSENKOHL** hinzufügen und einige Minuten darin schwenken. Mit Salz, Pfeffer und **MUSKAT** würzen. Die **MANDELN** unterrühren.

BEILAGEN | SALATE | SOSSEN

Butter
1 EL

frisch geriebene
Muskatnuss, 1 Prise

ROTKOHL
mit Äpfeln

4 Personen

45 Min. Zubereitung

Salz & Pfeffer

Rotkohl	große Zwiebel	Äpfel
x 1	x 1	x 2

1. Den **ROTKOHL** putzen, vierteln, vom Strunk befreien, waschen und in Streifen hobeln. Die **ZWIEBEL** schälen und in Streifen schneiden. Die **ÄPFEL** schälen, vierteln, entkernen und würfeln.

2. Die **BUTTER** in einem breiten Topf erhitzen. **ZWIEBEL, ÄPFEL** und **ROTKOHL** darin kurz andünsten. Mit Salz und Pfeffer würzen. **ESSIG** und **GEMÜSEBRÜHE** dazugießen und aufkochen. Den **ROTKOHL** zugedeckt etwa 30 Minuten garen.

BEILAGEN | SALATE | SOSSEN

Butter	Rotweinessig	Gemüsebrühe
1 EL	1 EL	500 ml

Geschmorter GRÜNKOHL

4 Personen

2 Std. 30 Min. Zubereitung

Salz & Pfeffer

Grünkohlblätter
1 kg

Zwiebeln
x 2

Griebenschmalz
100 g

1. Den **GRÜNKOHL** waschen und abtropfen lassen. Die **ZWIEBELN** schälen und fein würfeln.

2. Das **GRIEBENSCHMALZ** in einem Topf zerlassen, die **ZWIEBELN** darin glasig dünsten. Dann den **GRÜNKOHL** und 1 Prise **ZUCKER** hinzufügen, den **RÄUCHERSPECK** auf den **GRÜNKOHL** legen. Zugedeckt aufkochen und 2 Stunden schmoren. Dabei öfter umrühren und eventuell etwas Wasser dazugießen. Den **GRÜNKOHL** mit Salz, Pfeffer und **SENF** würzen.

Zucker
1 Prise

Räucherspeck
100 g

mittelscharfer Senf
1 TL

WIRSINGGEMÜSE
mit Muskatnuss

4 Personen

20 Min. Zubereitung

Salz & Pfeffer

Wirsing
1 Kopf

Zwiebel
x 1

Butter
1 EL

1. Den **WIRSING** von den äußeren Blättern befreien, vierteln und den Strunk entfernen. Die Viertel waschen, in Streifen schneiden und in kochendem Salzwasser 1 Minute garen. Dann abgießen und abtropfen lassen. Die **ZWIEBEL** schälen und fein würfeln.

2. Die **BUTTER** in einem Topf erhitzen, die **ZWIEBEL** darin glasig dünsten. Die **WIRSINGSTREIFEN** hinzufügen und die **SAHNE** dazugießen. Alles aufkochen. Bei niedriger Hitze einige Minuten köcheln lassen. Mit Salz, Pfeffer und 1 Prise **MUSKAT** würzen.

BEILAGEN I SALATE I SOSSEN

Sahne
150 g

frisch geriebene Muskatnuss, 1 Prise

SAUERKRAUT
mit Wacholderbeeren

4 Personen

40 Min. Zubereitung

Salz & Pfeffer

TIPP
Dazu passen Kassler und Kartoffelbrei (siehe S. 107).

Zwiebel
x 1

Pflanzenöl
1 EL

rohes Sauerkraut
750 g

1. Die **ZWIEBEL** schälen und in Streifen schneiden. Das **PFLANZENÖL** in einem Topf erhitzen, die **ZWIEBEL** darin glasig dünsten. Das **SAUERKRAUT** hinzufügen, die **FLEISCHBRÜHE** dazugießen und aufkochen. Mit Salz, Pfeffer, **KÜMMEL** und **WACHOLDERBEEREN** würzen.

2. Das **SAUERKRAUT** zugedeckt bei mittlerer Hitze etwa 30 Minuten garen. Dann servieren.

Fleischbrühe
500 ml

ganze Kümmelsamen
½ TL

Wacholderbeeren
1 TL

Saure LINSEN

TIPP
Dazu passen Eierspätzle (siehe S. 103).

4 Personen

30 Min. Zubereitung

Salz & Pfeffer

| Zwiebel | Butter | Mehl |
| x1 | 2 EL | 1 EL |

1. Die **ZWIEBEL** schälen und würfeln. Die **BUTTER** in einem Topf erhitzen, bis sie schäumt. Die **ZWIEBEL** darin glasig dünsten. Mit **MEHL** bestäuben und unter Rühren hell anschwitzen.

2. **LINSEN** und **FLEISCHBRÜHE** dazugeben und verrühren. Die **LINSEN** bei mittlerer Hitze 20 Minuten garen. Die braunen Linsen mit Salz, Pfeffer und **ROTWEINESSIG** kräftig würzen.

| braune Linsen (Glas oder frisch gekocht), 500 g | Fleischbrühe 500 ml | Rotweinessig 2 EL |

BEILAGEN | SALATE | SOSSEN

WILDKRÄUTERSALAT
mit Himbeeressig

🍽️ 4 Personen

🕐 15 Min. Zubereitung

🧂 Salz & Pfeffer

gemischte Wildkräuter	Walnusskernhälften	Himbeeressig
150 g	2 EL	2 EL

1. Die **WILDKRÄUTER** verlesen, waschen, etwas zerzupfen und in einem Sieb abtropfen lassen. Anschließend die **WALNUSS-KERNHÄLFTEN** fein hacken.

2. Für das Dressing den **HIMBEERESSIG** in einer Schüssel mit Salz und Pfeffer verrühren und das **WALNUSSÖL** mit einem Schneebesen unterschlagen. Die **WILDKRÄUTER** mit den gehackten **NÜSSEN** und dem **HIMBEERDRESSING** locker vermengen. Den Salat mit Salz und Pfeffer würzen.

BEILAGEN | SALATE | SOSSEN

Walnussöl
3 EL

TIPP
Für den großen Hunger den Salat nach Belieben mit weiteren frischen Zutaten bestücken.

FELDSALAT
mit Walnusskernen

4 Personen

15 Min. Zubereitung

Salz & Pfeffer

Walnusskerne
2 EL

Feldsalat
100 g

Zwiebel
x 1

1. Die **WALNUSSKERNE** grob hacken und in einer beschichteten Pfanne ohne Fett 1–2 Minuten rösten, dann beiseitestellen.

2. Den **FELDSALAT** putzen, waschen und abtropfen lassen. Die **ZWIEBEL** schälen und fein würfeln.

3. Für das Dressing die **ZWIEBEL** mit **OLIVENÖL, WEISSWEIN-ESSIG** und **HONIG** verrühren. Den **FELDSALAT** mit den **WAL-NUSSKERNEN** und dem **DRESSING** locker vermengen. Mit Salz und Pfeffer würzen.

BEILAGEN | SALATE | SOSSEN

Olivenöl
3 EL

Weißweinessig
2 EL

Honig
1 TL

GURKENSALAT
mit Dill

- 4 Personen
- 20 Min. Zubereitung
- 30 Min. Marinieren
- Salz & weißer Pfeffer

große Salatgurke	Zucker	Pflanzenöl
x 1	1 Prise	1 EL

1. Die **SALATGURKE** schälen und auf einem Gurkenhobel in feine Scheiben hobeln. Die Gurkenscheiben mit 1 Prise **ZU-CKER,** Salz und weißem Pfeffer würzen.

2. Das **PFLANZENÖL** mit dem **WEISSWEINESSIG** verrühren und unter die **GURKEN** mischen. Anschließend den **GURKEN-SALAT** im Kühlschrank etwa 30 Minuten ziehen lassen.

3. Den **DILL** waschen, trocken schütteln und die **DILLSPITZEN** abzupfen und fein hacken. Den Dill unter den **GURKEN-SALAT** mischen.

BEILAGEN I SALATE I SOSSEN

Weißweinessig	Dill
1 EL	2 Stiele

Grüner BOHNENSALAT

4 Personen

20 Min. Zubereitung
30 Min. Kühlen

Salz & Pfeffer

grüne Bohnen
600 g

Zwiebel
x 1

Pflanzenöl
5 EL

1. Die **BOHNEN** putzen, je nach Länge halbieren oder dritteln, waschen und abtropfen lassen. Die **BOHNEN** in kochendem Salzwasser in 7–8 Minuten bissfest garen. Dann abgießen, mit kaltem Wasser abschrecken und abtropfen lassen.

2. Die **ZWIEBEL** schälen und fein würfeln. Die **ZWIEBEL** mit dem **PFLANZENÖL** und **WEISSWEINESSIG** verrühren und unter die **BOHNEN** mischen. Den Bohnensalat mit Salz und Pfeffer würzen. Den Salat im Kühlschrank etwa 30 Minuten ziehen lassen.

BEILAGEN | SALATE | SOSSEN

Weißweinessig
3 EL

WEISSKRAUTSALAT
mit Kümmel

4 Personen

30 Min. Zubereitung
1 Std. Marinieren

Salz & Pfeffer

Weißkohl
1 kleiner Kopf

Zwiebel
x 1

heiße Fleischbrühe
250 ml

1. Den **WEISSKOHL** putzen, vierteln, vom Strunk befreien und in feine Streifen hobeln. Die **ZWIEBEL** schälen und würfeln. **WEISSKOHL, ZWIEBEL** und 1 Teelöffel Salz in einer Schüssel mit den Händen kneten. Mit **FLEISCHBRÜHE** begießen und mit Salz, Pfeffer und **KÜMMEL** würzen.

2. Für das Dressing das **ÖL** mit dem **WEISSWEINESSIG** verrühren und unter den **WEISSKOHL** mischen. Den **WEISSKRAUTSALAT** im Kühlschrank mindestens 1 Stunde ziehen lassen.

BEILAGEN | SALATE | SOSSEN

ganze Kümmelsamen
1 TL

Pflanzenöl
5 EL

Weißweinessig
4 EL

ROTE-BETE-SALAT
mit Äpfeln

4 Personen

50 Min. Zubereitung
30 Min. Marinieren

Salz & Pfeffer

Rote Bete (ca. 500 g)
x 3

Apfel
x 1

Honig
1 TL

1. Die **ROTEN BETEN** waschen und mit der Schale in kochendem Salzwasser etwa 40 Minuten garen. Dann herausnehmen und mit kaltem Wasser abschrecken.

2. Die **ROTEN BETEN** (am besten mit Einweghandschuhen) schälen und klein würfeln. Dann den **APFEL** schälen, vierteln, entkernen und in Stifte schneiden.

3. Beides mit **HONIG, PFLANZENÖL** und **BALSAMICOESSIG** in einer Schüssel vermischen, mit Salz und Pfeffer würzen. Den Salat abgedeckt mindestens 30 Minuten ziehen lassen.

BEILAGEN I SALATE I SOSSEN

Pflanzenöl
3 EL

Balsamicoessig
2 EL

Roher SELLERIESALAT

- 4 Personen
- 30 Min. Zubereitung
- Salz & Pfeffer

Knollensellerie
x 1

Apfel
x 1

Saft
von ½ Zitrone

1. Den **SELLERIE** schälen und auf einer Küchenreibe grob raspeln. Den **APFEL** schälen, vierteln und entkernen. Die **APFELVIERTEL** ebenfalls grob raspeln.

2. Den **ZITRONENSAFT** mit **SELLERIE-** und **APFELRASPELN** vermengen.

3. Die **SAHNE** steif schlagen und mit **MAYONNAISE** unter den Salat mischen. Den **SELLERIESALAT** mit Salz und Pfeffer würzen.

BEILAGEN I SALATE I SOSSEN

Sahne
100 g

Mayonnaise
2 EL

KARTOFFELSALAT
mit Mayo

4 Personen

20 Min. Zubereitung

Salz & Pfeffer

Pellkartoffeln	Eier	Zwiebel
1 kg	x 4	x 1

1. Die **PELLKARTOFFELN** pellen und in Scheiben schneiden. Die **EIER** in etwa 10 Minuten hart kochen, dann pellen und im Eierschneider einmal längs und einmal quer schneiden.

2. Die **ZWIEBEL** schälen und würfeln. Die **GEWÜRZGURKEN** ebenfalls klein würfeln. Die **PETERSILIE** waschen, trocken schütteln und fein hacken.

3. Für das Dressing die **MAYONNAISE** mit 1 Esslöffel **GURKEN-WASSER** verrühren, salzen und pfeffern. **KARTOFFELN, EIER, ZWIEBEL** und **GURKEN** untermischen.

BEILAGEN | SALATE | SOSSEN

Gewürzgurken	Petersilie	Mayonnaise
200 g	½ kleines Bund	100 g

KARTOFFELSALAT
mit Brühe

4 Personen

40 Min. Zubereitung

Salz & Pfeffer

festkochende Kartoffeln	Zwiebel	Pflanzenöl
1 kg	x1	5 EL

1. Die **KARTOFFELN** waschen und in Salzwasser 30 Minuten garen.

2. Die **KARTOFFELN** abgießen, pellen und in Scheiben schneiden. Die **ZWIEBEL** schälen und würfeln.

3. 1 Esslöffel **ÖL** in einer Pfanne erhitzen, **SPECK** und **ZWIEBEL** darin braten und über die **KARTOFFELN** geben. Die **KARTOFFELN** dann mit **FLEISCHBRÜHE** beträufeln.

4. Für das Dressing 4 Esslöffel **ÖL** mit **WEISSWEINESSIG** in einer Schüssel verrühren und unter die **KARTOFFELN** mischen. Den Kartoffelsalat mit Salz und Pfeffer würzen.

BEILAGEN | SALATE | SOSSEN

Räucherspeck, gewürfelt	heiße Fleischbrühe	Weißweinessig
100 g	100 ml	2 EL

177

NUDELSALAT
mit Erbsen und Schinken

4 Personen

30 Min. Zubereitung

Salz & Pfeffer

Nudeln (z. B. Hörnchen oder Spiralen), 250 g

TK-Erbsen 150 g

Kochschinken 150 g

1. Die **NUDELN** nach Packungsangabe bissfest garen. 1 Minute vor dem Garzeitende die **TK-ERBSEN** dazugeben und mitgaren. Die **NUDELN** abgießen, kalt abschrecken und abtropfen lassen.

2. Den **SCHINKEN** in Streifen schneiden. Die **PAPRIKASCHOTE** halbieren, putzen, waschen und würfeln. **GEWÜRZGURKEN** würfeln.

3. Für das Dressing die **MAYONNAISE** und 1 Esslöffel **GURKENWASSER** in einer Schüssel verrühren, salzen und pfeffern. Die vorbereiteten Zutaten unter die **MAYONNAISE** mischen.

BEILAGEN I SALATE I SOSSEN

rote Paprikaschote x1

Gewürzgurken x2

Mayonnaise 3 EL

REISSALAT
mit Frühlingsgemüse

4 Personen

30 Min. Zubereitung

Salz & Pfeffer

Langkornreis
250 g

Möhren
x 2

Kohlrabi
x 1

1. Den **REIS** nach Packungsangabe garen. Dann den **REIS** in ein Sieb abgießen, kalt abbrausen und abtropfen lassen. **MÖHREN** und **KOHLRABI** putzen, schälen, klein würfeln. Die **FRÜHLINGSZWIEBELN** putzen, waschen und würfeln.

2. Für das Dressing **PFLANZENÖL** mit **APFELESSIG** in einer Schüssel verrühren. **REIS, MÖHREN, KOHLRABI** und **FRÜHLINGSZWIEBELN** unter das Dressing mischen. Den Reissalat salzen und pfeffern.

BEILAGEN | SALATE | SOSSEN

Frühlingszwiebeln
x 2

Pflanzenöl
3 EL

Apfelessig
2 EL

EIER
in Senfsoße

4 Personen

30 Min. Zubereitung

Salz & Pfeffer

TIPP
Dazu passt Kartoffelbrei (siehe S. 105).

Eier	Butter	Mehl
x 8	1 EL	1 EL

1. Die **EIER** in 10 Minuten hart kochen. Anschließend pellen und halbieren.

2. Für die Soße **BUTTER** in einem Topf zerlassen, das **MEHL** darin unter Rühren anschwitzen. **SENF** und **ZUCKER** unterrühren. Die **FLEISCHBRÜHE** dazugießen, aufkochen und offen bei niedriger Hitze etwas einkochen lassen. Anschließend mit Salz und Pfeffer würzen. Die **EIERHÄLFTEN** mit der Soße anrichten.

mittelscharfer Senf	Zucker	Fleischbrühe
½ EL	½ EL	500 ml

FRANKFURTER
Soße

TIPP
Dazu passt gekochte Rinderbrust.

4 Personen

25 Min. Zubereitung
1 Std. Kühlen

Salz & Pfeffer

**gemischte Kräuter
(7 verschiedene),** 1 Bund

Eier
x 2

Schalotte
x 1

1. Die **KRÄUTER** waschen, trocken schütteln und klein hacken. Die **EIER** in 10 Minuten hart kochen. Dann pellen und halbieren. Die **SCHALOTTE** schälen und würfeln.

2. Für die Soße die **KRÄUTER** mit **EIERN** und **SAURER SAHNE** in einem Standmixer pürieren. **PFLANZENÖL, ESSIG** und **SCHALOTTE** unterrühren. Dann die Soße mit Salz und Pfeffer würzen.

BEILAGEN | SALATE | SOSSEN

saure Sahne
250 g

Pflanzenöl
1 EL

Weißweinessig
2 EL

SAUCE
hollandaise

4 Personen

30 Min. Zubereitung

Salz & Pfeffer

Butter
200 g

Eigelb
x 3

trockener Weißwein
100 ml

1. Die **BUTTER** in einem Topf erhitzen, sodass sich die Molke absetzt. Anschließend durch ein Haarsieb streichen.

2. Die **EIGELBE** mit **WEISSWEIN** in eine hitzebeständige Schüssel geben. Über einem heißen Wasserbad mit einem Schneebesen so lange aufschlagen, bis sie dick und cremig werden.

3. Die Schüssel vom Topf nehmen, nach und nach die **BUTTER** mit einem Schneebesen unterschlagen. Die Soße mit **ZITRONENSAFT,** Salz, Pfeffer und **WORCESTERSOSSE** würzen.

BEILAGEN | SALATE | SOSSEN

Zitronensaft
2 Spritzer

Worcestersoße

TIPP
Dazu passt Spargel.

MEERRETTICHSOSSE
mit Fleischbrühe

4 Personen

20 Min. Zubereitung

Salz & Pfeffer

Brötchen (1–2 Tage alt)
x 1

Fleischbrühe
500 ml

Meerrettich (Glas)
2 EL

1. Das **BRÖTCHEN** in dünne Scheiben schneiden. Anschließend die Scheiben in eine ausreichend große Sauciere geben.

2. Die **FLEISCHBRÜHE** in einem Topf erhitzen. Den **MEERRETTICH** zu den Brötchenscheiben geben und mit der heißen **FLEISCHBRÜHE** begießen. Die Soße mit Salz und Pfeffer würzen und mit **SCHNITTLAUCHRÖLLCHEN** bestreuen.

Schnittlauchröllchen
1 EL

TIPP
Dazu passt gekochtes Rindfleisch.

Schnelle MAYONNAISE

4 Personen

20 Min. Zubereitung

Salz & Pfeffer

Eigelb	**mittelscharfer Senf**	**Sonnenblumenöl**
x 2	½ TL	250 ml

1. **EIGELBE** und **SENF** in eine Schüssel geben und mit den Quirlen des Handrührgeräts verrühren.

2. Nach und nach das **PFLANZENÖL** in dünnem Strahl dazugeben und unterschlagen, sodass eine homogene dickliche **MAYONNAISE** entsteht.

3. Die **MAYONNAISE** mit Salz und Pfeffer würzen.

BEILAGEN I SALATE I SOSSEN

TIPP
Nach Belieben noch 1 Spritzer Zitronensaft dazugeben.

MEERRETTICHSAHNE
mit Preiselbeeren

4 Personen

20 Min. Zubereitung

Salz & Pfeffer

| **Sahne** 150 g | **geriebener Meerrettich (Glas),** 2 EL | **saure Sahne** 4 EL |

1. **SAHNE** mit den Quirlen des Handrührgeräts steif schlagen.
2. Den **MEERRETTICH** mit der **SAUREN SAHNE** in einer Schüssel verrühren und die geschlagene **SAHNE** unterheben. Mit Salz und Pfeffer würzen. Zuletzt die **PREISELBEEREN** vorsichtig unter die **MEERRETTICHSAHNE** rühren.

BEILAGEN I SALATE I SOSSEN

Preiselbeeren (Glas) 2 EL

TIPP
Dazu passt geräucherter Fisch.

Würziges KÄSEFONDUE

- 4 Personen
- 30 Min. Zubereitung
- Salz & Pfeffer

Emmentaler Käse
300 g

Greyerzer Käse
300 g

Mehl
1 EL

1. **EMMENTALER** und **GREYERZER KÄSE** auf einer Küchenreibe grob raspeln. Den **KÄSE** in einen für den Herd geeigneten Fonduetopf geben, mit **MEHL** bestäuben und mit **WEISSWEIN** begießen.

2. Den **KÄSE** unter Rühren bei niedriger Hitze langsam schmelzen lassen und glatt rühren. Das Käsefondue mit Salz und Pfeffer würzen. Den Topf zum Warmhalten auf das Fonduegestell stellen.

BEILAGEN | SALATE | SOSSEN

trockener Weißwein
250 ml

TIPP
Dazu kleine Brotwürfel reichen.
1 Schuss Kirschwasser für den letzten Brotbissen in den Käserest gießen.

Wiener SCHNITZEL

- 4 Personen
- 25 Min. Zubereitung
- Salz & Pfeffer

| dünne Kalbsschnitzel (à 180 g), x 4 | Mehl 100 g | Eier x 2 |

1. Die **SCHNITZEL** etwas flach klopfen, auf beiden Seiten salzen, pfeffern und in **MEHL** wenden.

2. Die **EIER** mit 1 Esslöffel Wasser verquirlen. Die **SCHNITZEL** durch die **EIER** ziehen und in den **SEMMELBRÖSELN** wenden. Die überschüssigen Brösel abklopfen.

3. Das **ÖL** in einer großen Pfanne erhitzen, die **SCHNITZEL** darin auf beiden Seiten anbraten. Die **SCHNITZEL** bei niedriger Hitze in wenigen Minuten unter mehrmaligem Wenden knusprig und goldbraun braten.

FLEISCH- I FISCHGERICHTE

Semmelbrösel
100 g

Pflanzenöl
100 ml

TIPP

Mit Zitronenscheiben und Petersilie servieren.

dünne Schnitzel
x 4

Kochschinken und Emmentaler, je 4 Scheiben

Mehl
100 g

1. Die **SCHNITZEL** mit **KOCHSCHINKEN** und **EMMENTALER** belegen, zusammenklappen und jeweils mit einem Holzspießchen feststecken, salzen und pfeffern. Die **SCHNITZEL** in **MEHL** wenden. Die **EIER** verquirlen. Die **SCHNITZEL** durch die **EIER** ziehen und in den **SEMMELBRÖSELN** wenden. Überschüssige Brösel abklopfen.

2. **ÖL** in einer Pfanne erhitzen, die **SCHNITZEL** darin auf beiden Seiten goldbraun braten und bei niedriger Hitze fertig backen.

Eier
x 2

Semmelbrösel
100 g

Pflanzenöl
100 ml

RAHMSCHNITZEL
vom Kalb

4 Personen

20 Min. Zubereitung

Salz & Pfeffer

Kalbsschnitzel (à 180 g)
x 4

Mehl
100 g

Butter
2 EL

1. Die **KALBSSCHNITZEL** mit einem Plattiereisen flach klopfen und auf beiden Seiten mit Salz und Pfeffer würzen. Die **KALBSSCHNITZEL** in **MEHL** wenden.

2. Die **BUTTER** in einer großen Pfanne erhitzen, die **KALBSSCHNITZEL** darin auf jeder Seite in 2–3 Minuten goldbraun braten. Die **KALBSSCHNITZEL** herausnehmen und warm halten.

3. Den Bratensatz mit der **SAHNE** lösen und die **SAHNE** kurz einkochen lassen, mit Salz und Pfeffer abschmecken. Die **KALBSSCHNITZEL** darin kurz erwärmen.

FLEISCH- I FISCHGERICHTE

Sahne
200 g

TIPP
Dazu passen Eierspätzle (siehe S. 103).

Kalbfleisch zum Kurzbraten, 500 g

Zwiebel
x 1

Champignons
250 g

1. Das **FLEISCH** in Streifen schneiden, salzen und pfeffern. Die **ZWIEBEL** schälen und würfeln. Die **PILZE** putzen und halbieren.

2. 1 Esslöffel **ÖL** in einer Pfanne erhitzen, das **FLEISCH** darin kurz anbraten. Dann herausnehmen. Übriges **ÖL** dazugeben und erhitzen, die **ZWIEBEL** darin anbraten. Die **PILZE** dazugeben und braten, bis die Flüssigkeit verkocht ist.

3. **WEIN** dazugießen und einkochen lassen. **SAHNE** hinzufügen und erhitzen. **FLEISCH** darin erwärmen, salzen und pfeffern.

FLEISCH- I FISCHGERICHTE

Pflanzenöl
2 EL

trockener Weißwein
100 ml

Sahne
200 g

KALBSLEBER
mit Äpfeln und Zwiebeln

- 4 Personen
- 40 Min. Zubereitung
- Salz & Pfeffer

Kalbsleber (à 150 g)
4 Scheiben

Mehl
2 EL

große Zwiebel
x 2

1. Die **LEBER** waschen, trocken tupfen, pfeffern und in **MEHL** wenden. Die **ZWIEBELN** schälen, halbieren und in Streifen schneiden. Die **ÄPFEL** schälen und das Kerngehäuse entfernen. Die **ÄPFEL** in Scheiben schneiden.

2. 2 Esslöffel **ÖL** in einer Pfanne erhitzen, die **ZWIEBELN** kurz anrösten. Die **LEBERSCHEIBEN** im übrigen **ÖL** auf beiden Seiten 4–5 Minuten braten. Herausnehmen.

3. Die **BUTTER** zum Bratensatz geben, die **APFELSCHEIBEN** darin 2–3 Minuten braten. Die **LEBERSCHEIBEN** leicht salzen und pfeffern. Mit Äpfeln und Zwiebeln servieren.

FLEISCH- I FISCHGERICHTE

Äpfel (z. B. Boskop)
x 2

Pflanzenöl
4 EL

Butter
1 EL

FRIKADELLEN
aus der Pfanne

- 4 Personen
- 40 Min. Zubereitung
- Salz & Pfeffer

Brötchen (1–2 Tage alt)
x 1

Zwiebel
x 1

gemischtes Hackfleisch
500 g

1. Das **BRÖTCHEN** in dünne Scheiben schneiden, in 250 ml lauwarmem Wasser einweichen. Die **BUTTER** in einer Pfanne erhitzen. Die **ZWIEBEL** schälen, würfeln und kurz anbraten. Etwas abkühlen lassen und aus der Pfanne nehmen. Das **BRÖTCHEN** ausdrücken, mit **HACKFLEISCH, ZWIEBEL** und **EI** verkneten. Mit Salz und Pfeffer würzen.

2. Aus der Hackfleischmasse mit feuchten Händen 8 **FRIKADELLEN** formen. Das **ÖL** in einer Pfanne erhitzen, die **FRIKADELLEN** darin von beiden Seiten kräftig anbraten. Dann bei niedriger Hitze in 10 Minuten fertig braten.

FLEISCH- I FISCHGERICHTE

Ei
x 1

Pflanzenöl
5 EL

Butter
1 EL

Gefüllte PAPRIKASCHOTEN

4 Personen

50 Min. Zubereitung

Salz & Pfeffer

Zwiebel	Eier	gemischtes Hackfleisch
x 1	x 2	400 g

1. Für die Füllung die **ZWIEBEL** schälen und fein würfeln. Mit **EIERN, HACKFLEISCH,** Salz und Pfeffer verkneten.

2. Von den **PAPRIKA** einen Deckel abschneiden. Die Paprikaschoten dann putzen, waschen und mit **HACKFLEISCH** füllen.

3. Den **SPECK** in eine Auflaufform streuen und die **PAPRIKASCHOTEN** daraufsetzen. Die **PASSIERTEN TOMATEN** mit 200 ml Wasser verrühren, salzen, pfeffern und dazugießen. Dann die **PAPRIKASCHOTEN** im vorgeheizten Ofen bei 200 °C 40 Minuten garen.

FLEISCH- I FISCHGERICHTE

grüne Paprikaschoten	Räucherspeck, gewürfelt	passierte Tomaten
x 4	100 g	500 ml

KOHLROULADEN
mit Mettfüllung

- 4 Personen
- 1 Std. Zubereitung
- Salz & Pfeffer

Weißkohl
8 Blätter

Brötchen (1–2 Tage alt)
x 1

Zwiebel
x 1

1. Die **WEISSKOHLBLÄTTER** in kochendem Salzwasser 2 Minuten blanchieren, kalt abschrecken und abtropfen lassen.

2. Für die Füllung das **BRÖTCHEN** klein schneiden und in Wasser einweichen. Die **ZWIEBEL** schälen und würfeln. Das **BRÖTCHEN** ausdrücken, mit **METT, EI** und **ZWIEBEL** verkneten, nach Bedarf salzen und pfeffern.

3. Jedes **KOHLBLATT** mit Füllung belegen und einrollen. Die Kohlrouladen in eine Auflaufform setzen, mit **BRÜHE** übergießen. Im vorgeheizten Ofen bei 180 °C etwa 50 Minuten garen.

Thüringer Mett (gewürzt)
400 g

Ei
x 1

Fleischbrühe
500 ml

HACKBRATEN
mit Soße

4 Personen

1 Std. 10 Min. Zubereitung

Salz & Pfeffer

Brötchen (1–2 Tage alt)	Pflanzenöl	mittelgroße Zwiebeln
x 2	1 EL	x 2

1. Die **BRÖTCHEN** klein schneiden, in 200 ml Wasser einweichen. Ein Backblech mit **PFLANZENÖL** einfetten. Die **ZWIEBELN** schälen und würfeln.

2. Die **BRÖTCHEN** ausdrücken. Beides mit **HACKFLEISCH, EI,** Salz und Pfeffer verkneten. Die Masse auf dem Blech zu einem ovalen Laib formen. Den Hackbraten im vorgeheizten Ofen bei 200 °C 50 Minuten braten.

3. Den **BRATENSATZ** mit etwas **BRÜHE** vom Blech lösen und mit der übrigen **BRÜHE** im Topf reduzieren. Den **BRATEN** in Scheiben schneiden und mit Soße überziehen.

gemischtes Hackfleisch	Ei	Fleischbrühe
1 kg	x 1	250 ml

Königsberger KLOPSE

4 Personen

1 Std. Zubereitung

Salz & Pfeffer

Thüringer Mett (gewürzt)
500 g

Fleischbrühe
1 l

Butter
3 EL

1. Das gewürzte **HACKFLEISCH** zu 12 Klopsen formen. Die **BRÜHE** erhitzen und die **KLOPSE** darin bei niedriger Hitze 10 Minuten ziehen lassen. Die Klopse herausnehmen und warm halten. Die **FLEISCHBRÜHE** durch ein Haarsieb passieren.

2. Für die Soße die **BUTTER** zerlassen, das **MEHL** darin unter Rühren anschwitzen. Die **FLEISCHBRÜHE** dazugießen, aufkochen und einige Minuten kochen lassen. **SAHNE** und **KAPERN** hinzufügen. Die Soße 2 Minuten köcheln lassen, salzen und pfeffern. Die **KLOPSE** in der Soße erwärmen.

Mehl
2 EL

Sahne
100 g

Kapern
1 EL

MAULTASCHEN
mit Zwiebeln

4 Personen

20 Min. Zubereitung

Salz & Pfeffer

Maultaschen (Kühlregal)	große Zwiebel	Butter
800 g	x1	2 EL

1. Die **MAULTASCHEN** in 1 ½ cm dicke Streifen schneiden. Die **ZWIEBEL** schälen und anschließend in Ringe schneiden.

2. 1 Esslöffel **BUTTER** in einer Pfanne erhitzen und die **ZWIEBEL** darin 10 Minuten rösten. In einer zweiten Pfanne 1 Esslöffel **BUTTER** erhitzen und die **MAULTASCHENSTREIFEN** darin 5 Minuten braten.

3. Die **EIER** verquirlen, darübergießen und kurz stocken lassen. Alles salzen, pfeffern und mit einem Pfannenwender lösen. Die Maultaschen mit gerösteten **ZWIEBELN** und **SCHNITTLAUCH** servieren.

FLEISCH- I FISCHGERICHTE

Eier	Schnittlauchröllchen
x2	1 EL

SCHINKENNUDELN
mit Tomaten

4 Personen

30 Min. Zubereitung

Salz & Pfeffer

Bandnudeln
400 g

Kirschtomaten
x 8

Kochschinken
100 g

1. Die **BANDNUDELN** nach Packungsangabe bissfest garen. Dann abgießen und abtropfen lassen. Die **KIRSCHTOMATEN** waschen und halbieren. Den **SCHINKEN** fein würfeln.

2. Die **BUTTER** in einer großen Pfanne erhitzen, **SCHINKEN** und **NUDELN** darin 3–4 Minuten anbraten. Dann die **TOMATEN** hinzufügen und kurz mitbraten. Mit Salz und Pfeffer würzen.

3. Die **EIER** verquirlen, mit **KÄSE** verrühren und über die **NUDELN** gießen. Die **EIER** stocken lassen, bis der **KÄSE** geschmolzen ist.

FLEISCH- I FISCHGERICHTE

Butter
1 EL

Eier
x 3

geriebener Käse
(z. B. Emmentaler), 50 g

BRATWURST
in Zwiebel-Bier-Soße

4 Personen

30 Min. Zubereitung

Salz & Pfeffer

rohe Bratwürste	große Zwiebel	Pflanzenöl
x 4	x 1	4 EL

1. Die **BRATWÜRSTE** mehrmals einstechen und mit kochend heißem Wasser übergießen, dann abtropfen lassen und mit Küchenpapier trocken tupfen.

2. Die **ZWIEBEL** schälen, halbieren und in Streifen schneiden. Das **PFLANZENÖL** in der Pfanne erhitzen und die **ZWIEBEL-STREIFEN** darin glasig dünsten. Die **BRATWÜRSTE** dazugeben und von allen Seiten anbraten.

3. Das **BIER** dazugießen und alles offen bei mittlerer Hitze etwa 10 Minuten einkochen lassen. Mit Salz und Pfeffer würzen.

helles Bier
500 ml

CHICORÉE
mit Schinken

- 4 Personen
- 40 Min. Zubereitung
- Salz & Pfeffer

 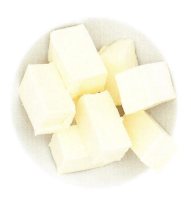 

Chicorée	Butter	Kochschinken
x 4	1 EL	8 Scheiben

1. Den **CHICORÉE** waschen, in kochendem Salzwasser 2 Minuten kochen. Eine Auflaufform mit **BUTTER** einfetten. Den **CHICORÉE** herausnehmen, längs halbieren und jeweils den Strunk entfernen.

2. Jede **CHICORÉEHÄLFTE** mit 1 Scheibe **KOCHSCHINKEN** umwickeln und nebeneinander in die Form legen. Den **CHICORÉE** mit Salz und Pfeffer würzen.

3. Die **SAHNE** mit dem **KÄSE** verquirlen und den **CHICORÉE** damit überziehen. Den **CHICORÉE** im vorgeheizten Ofen bei 200 °C etwa 25 Minuten gratinieren.

FLEISCH- I FISCHGERICHTE

Sahne	geriebener Käse
200 g	(z. B. Gouda)
	100 g

LEBERKÄSE
mit Spiegelei

4 Personen

15 Min. Zubereitung

Salz & Pfeffer

Leberkäse (à 150 g)
4 Scheiben

Butter
2 EL

Eier
x 4

1. Die **LEBERKÄSESCHEIBEN** an den Ecken etwas einschneiden, damit sich die Scheiben beim Braten nicht wölben.

2. Die **BUTTER** in zwei Pfannen erhitzen. In einer Pfanne den **LEBERKÄSE** auf beiden Seiten in 6–7 Minuten goldbraun braten. In der zweiten Pfanne die **SPIEGELEIER** in 2–3 Minuten braten.

3. Den **LEBERKÄSE** auf Tellern anrichten und die **SPIEGELEIER** darauf verteilen. Die Spiegeleier mit Salz und Pfeffer würzen.

TIPP
Dazu passt Kartoffelbrei (siehe S. 107) oder Bratkartoffeln (siehe S. 105).

Würzige SCHASCHLIKSPIESSE

4 Personen

25 Min. Zubereitung

Salz & Pfeffer

mageres Schweinefleisch (z. B. Nacken), 500 g

grüne Paprikaschote x 1

große Zwiebel x 1

1. Das **SCHWEINEFLEISCH** in mundgerechte Stücke schneiden. Die **PAPRIKASCHOTE** halbieren, putzen, waschen und in 2 x 2 cm große Stücke schneiden. Die **ZWIEBEL** schälen, vierteln und ebenfalls in Stücke schneiden. Den **SPECK** klein schneiden.

2. Alles abwechselnd auf vier Schaschlikspieße stecken. Die Spieße mit Salz, Pfeffer und **PAPRIKAPULVER** würzen.

3. Das **PFLANZENÖL** in einer Pfanne erhitzen, die Spieße darin anbraten und bei mittlerer Hitze in 10 Minuten fertig braten.

FLEISCH- I FISCHGERICHTE

Räucherspeck 100 g

edelsüßes und rosenscharfes Paprikapulver

Pflanzenöl 4 EL

227

KASSLER
auf Sauerkraut

- 4 Personen
- 40 Min. Zubereitung
- Pfeffer

Kassler am Stück
500 g

Zwiebel
x1

Pflanzenöl
2 EL

1. Das **KASSLER** mit Pfeffer würzen. Die **ZWIEBEL** schälen und in Streifen schneiden.

2. Das **PFLANZENÖL** in einem Topf erhitzen, das **KASSLER** darin rundherum anbraten, dann herausnehmen.

3. Die **ZWIEBEL** in den Topf geben und im Bratensatz kurz anbraten. Das **SAUERKRAUT** hinzufügen, die **GEMÜSEBRÜHE** dazugießen und das **KASSLER** einlegen.

4. Alles zugedeckt bei mittlerer Hitze 30 Minuten köcheln lassen. Das **KASSLER** in Scheiben mit dem **SAUERKRAUT** servieren.

FLEISCH- I FISCHGERICHTE

fertiges Sauerkraut (gekocht), 600 g

Gemüsebrühe (wahlweise Fleischbrühe), 500 ml

TIPP
Dazu passt Kartoffelbrei (siehe S. 107).

EISBEIN
aus dem Kochsud

4 Personen

2 Std. Zubereitung

Salz

TIPP
Dazu passt gut Sauerkraut (siehe S. 157).

gepökelte Eisbeine (insgesamt 1,5 kg), x 4

Zwiebeln x 2

Suppengemüse 1 Bund

1. Die **EISBEINE** waschen und in einen Topf legen. Mit kaltem Wasser begießen und aufkochen.

2. Die **ZWIEBELN** schälen und fein würfeln. Das **SUPPENGEMÜSE** putzen, waschen und klein schneiden.

3. **GEMÜSE, GEWÜRZNELKEN, LORBEERBLÄTTER** und **PFEFFERKÖRNER** in den Topf geben. Die **EISBEINE** zugedeckt bei mittlerer Hitze 1 Stunde 30 Minuten garen.

Gewürznelken x 2

Lorbeerblätter x 2

schwarze und weiße Pfefferkörner, 1 TL

RINDERROULADEN
mit Soße

4 Personen

1 Std. 30 Min. Zubereitung

Salz & Pfeffer

| küchenfertige Rinder-rouladen (gefüllt), x 4 | Suppengemüse ½ Bund | Räucherspeck 100 g |

1. Die **ROULADEN** salzen und pfeffern. Das **GEMÜSE** putzen, waschen und klein schneiden. Den **SPECK** würfeln.

2. Das **ÖL** in einem Bräter erhitzen, die **ROULADEN** darin anbraten, dann herausnehmen. **SPECK** und **GEMÜSE** im Bräter einige Minuten braten. **TOMATENMARK** dazugeben und leicht anrösten, die **BRÜHE** dazugießen. Alles salzen und pfeffern.

3. Die **ROULADEN** in den Bräter legen, zugedeckt im vorgeheizten Ofen bei 180 °C 1 Stunde garen. Die Soße pürieren, durchsieben und zu den **ROULADEN** servieren.

| Pflanzenöl 2 EL | Tomatenmark 1 EL | Fleischbrühe 500 ml |

SCHWEINEBRATEN
mit Biersoße

4 Personen

1 Std. 30 Min. Zubereitung

Salz & Pfeffer

Schweinebraten ohne Knochen, 1 kg

ganze Kümmelsamen
½ TL

Knoblauchzehe
x 1

1. Das **FLEISCH** mit Salz, Pfeffer und **KÜMMEL** würzen. Den **KNOBLAUCH** schälen, durch eine Presse drücken und das **FLEISCH** damit einreiben.

2. Das **ÖL** in einem Bräter erhitzen und das **FLEISCH** darin rundherum anbraten. Im vorgeheizten Ofen offen bei 180 °C für 1 Stunde 15 Minuten braten. Dabei den Braten mehrmals wenden, immer wieder **BIER** und **BRÜHE** seitlich angießen.

3. Den **SCHWEINEBRATEN** vor dem Anschneiden etwa 10 Minuten ruhen lassen. Die Soße durchsieben und den **BRATEN** damit beträufeln.

FLEISCH- I FISCHGERICHTE

Pflanzenöl
2 EL

dunkles Bier
500 ml

Fleischbrühe
500 ml

ROSTBRATEN
mit Zwiebeln

4 Personen

30 Min. Zubereitung

Salz & Pfeffer

große Zwiebeln
x 3

**Rinderlendenschnitten
(à 180 g),** x 4

Mehl
100 g

1. Die **ZWIEBELN** schälen und in feine Ringe schneiden. Die **RINDERLENDENSCHNITTEN** mit der Hand etwas flach drücken, mit Salz und Pfeffer würzen und in **MEHL** wenden. 2 Esslöffel **PFLANZENÖL** in einer Pfanne erhitzen, das **FLEISCH** darin auf jeder Seite 3–4 Minuten braten.

2. Das **FLEISCH** herausnehmen und in Alufolie wickeln. Übriges **PFLANZENÖL** in der Pfanne erhitzen, die **ZWIEBELN** darin knusprig und goldbraun braten. Den Fleischsaft aus der Folie darüberträufeln. Jede **FLEISCHSCHEIBE** mit **RÖSTZWIEBELN** belegen und servieren.

FLEISCH- I FISCHGERICHTE

Pflanzenöl
6 EL

Einfacher SAUERBRATEN

4 Personen

2 Std. Zubereitung

Salz & Pfeffer

Sauerbraten (in Beize, Gewürze, Gemüse), 1 kg

Butterschmalz
1 EL

Tomate
x 1

1. Den eingelegten **SAUERBRATEN** aus der Beize nehmen, trocken tupfen und pfeffern. Das **BUTTERSCHMALZ** erhitzen und das **FLEISCH** darin anbraten. Dann herausnehmen. Die Beize durchsieben. **GEMÜSE** und Gewürze im Topf braten. Die **TOMATE** waschen, klein schneiden und hinzufügen. Mit **BEIZE** ablöschen und aufkochen. Den Braten einlegen, zugedeckt 1 Stunde 45 Minuten schmoren.

2. Das **FLEISCH** in Alufolie wickeln. Die Soße durchsieben, mit **BRÜHE** einige Minuten kochen lassen und mit der angerührten **SPEISESTÄRKE** binden. Salzen und pfeffern.

Fleischbrühe
200 ml

Speisestärke (mit Wasser angerührt), 1 EL

TAFELSPITZ
in Brühe

4 Personen

2 Std. Zubereitung
10 Minuten ruhen

Salz

Rindfleisch (z. B. Tafelspitz), 1 kg

Suppengemüse 1 Bund

schwarze Pfefferkörner ½ TL

1. Das **RINDFLEISCH** kalt abwaschen. Etwa 2 l Wasser in einem großen Topf aufkochen und salzen. Das **FLEISCH** dazugeben, alles aufkochen und das **FLEISCH** offen bei mittlerer Hitze 1 Stunde 30 Minuten köcheln lassen.

2. Das **SUPPENGEMÜSE** putzen, waschen oder schälen und anschließend klein schneiden. Nach 1 Stunde Garzeit das **SUPPENGEMÜSE** und die **PFEFFERKÖRNER** zum **RINDFLEISCH** geben. Das gegarte **RINDFLEISCH** vor dem Anschneiden 10 Minuten ruhen lassen.

FLEISCH- I FISCHGERICHTE

TIPP
Dazu passt Meerrettichsoße mit Fleischbrühe (siehe S. 189).

HÜHNER
Frikassee

4 Personen

2 Std. Zubereitung

Salz & Pfeffer

küchenfertiges Freiland-Suppenhuhn, x 1   **Suppengemüse** 1 Bund   **Butter** 3 EL

1. Wasser in einem Topf aufkochen und salzen. Das **HUHN** waschen, in den Topf geben und etwa 1 Stunde 30 Minuten kochen. Das **SUPPENGEMÜSE** putzen, waschen und klein schneiden. Nach 1 Stunde Garzeit das **GEMÜSE** hinzufügen. Das **HUHN** häuten. Das **FLEISCH** ablösen und klein schneiden. Die **BRÜHE** passieren.

2. Die **BUTTER** zerlassen und das **MEHL** darin unter Rühren anschwitzen. 1 l **HÜHNERBRÜHE** dazugießen, die Soße salzen und pfeffern. **ERBSEN** und **FLEISCH** darin erwärmen.

FLEISCH- I FISCHGERICHTE

Mehl 2 EL   **Erbsen (Dose)** 150 g

küchenfertiges Freiland-Hähnchen, x 1

edelsüßes und rosenscharfes Paprikapulver

getrockneter Oregano
1 TL

1. Das **HÄHNCHEN** innen und außen gründlich waschen und mit Küchenpapier trocken tupfen. Das **HÄHNCHEN** innen und außen mit Salz, Pfeffer, **PAPRIKAPULVER** und **OREGANO** würzen und mit **PFLANZENÖL** einreiben.

2. Das **HÄHNCHEN** in einen Bräter legen und im vorgeheizten Backofen bei 200 °C Ober-/Unterhitze (Umluft 180 °C) knapp 1 Stunde braten. Dabei das Hähnchen mehrmals wenden und mit dem entstandenen Bratensaft beträufeln.

Pflanzenöl
3 EL

TIPP
Dazu passen glasierte Möhren (siehe S. 129).

BACKHÄHNCHEN
mit Petersilie

4 Personen

40 Min. Zubereitung

Salz & Pfeffer

küchenfertiges Freiland-Hähnchen, x 1

Eier x 3

Mehl 100 g

1. Das **HÄHNCHEN** waschen und trocken tupfen. Die Keulen abschneiden und das **HÄHNCHEN** halbieren. Die Hälften quer halbieren, salzen und pfeffern.

2. Die **EIER** mit Wasser verquirlen. Die **HÄHNCHENTEILE** in **MEHL** wenden, durch die **EIER** ziehen und in **SEMMELBRÖSELN** wenden. Die **PETERSILIE** waschen, trocken schütteln und die Stiele kürzen.

3. Das **ÖL** erhitzen und die **HÄHNCHENTEILE** darin 15 Minuten backen. Auf einem Küchenpapier entfetten. Die **PETERSILIE** kurz frittieren und ebenfalls entfetten.

FLEISCH- I FISCHGERICHTE

Semmelbrösel 150 g

Petersilie 1 kleines Bund

Pflanzenöl 500 ml

Klassischer GÄNSEBRATEN

- 4 Personen
- 3 Std. Zubereitung
- Salz & Pfeffer

| küchenfertige Gans | säuerliche Äpfel | Beifuß |
| x 1 | (z. B. Boskop), x 5 | 1 kleines Bund |

1. Die **GANS** salzen, pfeffern. Die **ÄPFEL** vierteln, entkernen. Mit dem **BEIFUSS** in den Bauchraum geben. Die **GANS** mit der Brust nach oben in einen Bräter legen und 250 ml Wasser angießen. Im vorgeheizten Ofen bei 180 °C auf der untersten Schiene 2 Stunden 30 Minuten braten.

2. Die **ZWIEBELN** schälen, in Streifen schneiden. Zusammen mit 250 ml Wasser in den Bräter geben. In den letzten 20 Minuten Grillstufe einstellen. **BRATENFOND** mit 500 ml Wasser aufkochen, mit der angerührten **SPEISESTÄRKE** binden.

FLEISCH- I FISCHGERICHTE

| Zwiebeln | Speisestärke |
| x 2 | 1 EL |

BANDNUDELN
mit Lachs-Sahne-Soße

4 Personen

30 Min. Zubereitung

Salz & Pfeffer

Bandnudeln
400 g

gehäutetes Lachsfilet
250 g

Pflanzenöl
2 EL

1. Die **BANDNUDELN** in Salzwasser nach Packungsangabe etwa 10–12 Minuten garen. Inzwischen das **LACHSFILET** in mundgerechte Stücke schneiden und mit Salz und Pfeffer würzen. Das **PFLANZENÖL** in einer großen Pfanne erhitzen, die **LACHSSTÜCKE** darin 1–2 Minuten braten. Die **SAHNE** dazugießen und 1 Minute kochen.

2. Die **BANDNUDELN** aus dem Wasser heben, tropfnass zum **LACHS** geben und alles mit Salz und Pfeffer abschmecken.

Sahne
200 g

TIPP
Mit frisch gehackten Kräutern bestreuen.

küchenfertige Forellen	Saft	Mehl
x 4	von ½ Zitrone	150 g

1. Die **FORELLEN** innen und außen waschen, mit Küchenpapier trocken tupfen, mit **ZITRONENSAFT** beträufeln, salzen und pfeffern. Die **FORELLEN** in **MEHL** wenden.

2. **PFLANZENÖL** und **BUTTER** in einer Pfanne erhitzen. **FORELLEN** auf beiden Seiten knusprig und goldbraun braten.

3. Dann die **FORELLEN** herausnehmen und auf Tellern anrichten. Die **PETERSILIE** im Bratfett schwenken und auf den **FORELLEN** vereilen.

Pflanzenöl	Butter	Petersilie, gehackt
5 EL	2 EL	½ kleines Bund

FORELLE
blau

- 4 Personen
- 30 Min. Zubereitung
- Salz

TIPP

Mit Zitronenscheiben und frischer Petersilie servieren.

| küchenfertige Forellen | Zwiebel | Möhren |
| x 4 | x 1 | x 2 |

1. Die **FORELLEN** vorsichtig waschen, damit die Schleimhaut für die Blaufärbung nicht verletzt wird.

   Die **ZWIEBEL** schälen und in Ringe schneiden. Die **MÖHREN** putzen, schälen und in Scheiben schneiden. **ZWIEBEL** und **MÖHREN** in einen großen Topf geben. Salzwasser, **LORBEERBLATT, ESSIG** und **PFEFFERKÖRNER** dazugeben und alles aufkochen.

2. Die **FORELLEN** einzeln einlegen und offen bei niedriger Hitze etwa 15 Minuten ziehen lassen.

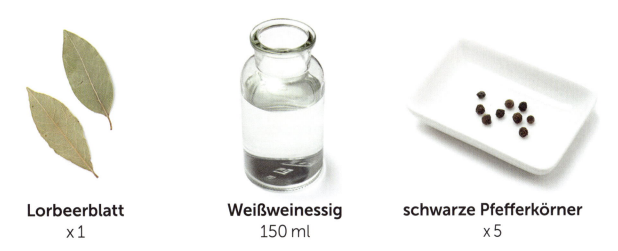

| Lorbeerblatt | Weißweinessig | schwarze Pfefferkörner |
| x 1 | 150 ml | x 5 |

SCHOLLENFILET
mit Speck

4 Personen

30 Min. Zubereitung

Salz & Pfeffer

Schollenfilets
600 g

Saft
von ½ Zitrone

Räucherspeck
100 g

1. Die **SCHOLLENFILETS** waschen, trocken tupfen und mit **ZITRONENSAFT** beträufeln.

2. Den **SPECK** in Streifen schneiden. Die **ZWIEBEL** schälen und würfeln. Die **FILETS** salzen, pfeffern und in **MEHL** wenden.

3. Die **BUTTER** in einer großen Pfanne erhitzen, bis sie schäumt. Die **SCHOLLENFILETS** darin 4–5 Minuten braten und dann wenden. **SPECK** und **ZWIEBEL** dazugeben und die **SCHOLLENFILETS** in etwa 4–5 Minuten fertig braten.

FLEISCH- I FISCHGERICHTE

Zwiebel x 1

Mehl 50 g

Butter 2 EL

LACHS
in Alufolie

- 4 Personen
- 30 Min. Zubereitung
- Salz & Pfeffer

Lachs am Stück
800 g

Butter
2 EL

Möhre
x 1

1. Den **LACHS** waschen, trocken tupfen, salzen und pfeffern. Ein großes Stück Alufolie auf ein Backblech legen, mit etwas **BUTTER** einfetten und den **LACHS** darauflegen. Die **MÖHRE** putzen und schälen. Den **LAUCH** putzen und waschen. Beides in Streifen schneiden, auf dem **FISCH** verteilen, mit übriger **BUTTER** in Flöckchen belegen und zusätzlich mit etwas **WEIN** beträufeln.

2. Die Folie verschließen und den Lachs im vorgeheizten Ofen bei 180 °C 15 Minuten garen.

FLEISCH- I FISCHGERICHTE

Lauch (nur das Weiße)
1 Stange

trockener Weißwein
1 Schuss

TIPP
Die Alufolie erst am Tisch öffnen.

APFELMUS
mit Zimt

4 Personen

30 Min. Zubereitung
1 Std. Kühlen

Bio-Zitrone	Äpfel	Zimtstange
x 1	800 g	x 1

1. Die **ZITRONE** heiß waschen, abtrocknen und etwa ein Viertel der Schale (ohne weiße Haut) abschneiden. Den Saft auspressen.

2. Die **ÄPFEL** schälen, entkernen und in Scheiben schneiden. Mit **ZITRONENSAFT** und **-SCHALE,** 200 ml Wasser und **ZUCKER** in einem Topf aufkochen. Die **ZIMTSTANGE** dazugeben und die **ÄPFELN** bei mittlerer Hitze in etwa 10 Minuten weich kochen.

3. **ZIMTSTANGE** und **ZITRONENSCHALE** entfernen, die **ÄPFEL** mit dem Stabmixer fein pürieren.

Zucker
3 EL

TIPP
Das Apfelmus passt gut zu Kartoffelpuffer (siehe S. 117).

PFLAUMEN
Kompott

4 Personen

30 Min.
Zubereitung
1 Std.
Kühlen

Pflaumen
600 g

Bio-Zitrone
x ½

Zucker
3 EL

1. Die **PFLAUMEN** waschen, halbieren und entkernen. Die **ZITRONE** waschen und in 3 kleine Stücke schneiden.

2. Die **PFLAUMEN** mit **ZUCKER** und 125 ml Wasser in einem Topf aufkochen. **ZITRONENSTÜCKE** und **ZIMTSTANGE** dazugeben und die **PFLAUMEN** bei niedriger Hitze etwa 5 Minuten ziehen lassen. **ZITRONENSTÜCKE** und **ZIMTSTANGE** anschließend entfernen.

3. Das Kompott in Schälchen füllen und 1 Stunde in den Kühlschrank stellen.

NACHSPEISEN

Zimtstange
x ½

TIPP
Dazu passt Vanillesoße (siehe S. 271) sehr gut.

RHABARBER
Kompott

4 Personen

30 Min.
Zubereitung

Rhabarber
1 kg

Vanilleschote
x 1

Zucker
100 g

1. Den **RHABARBER** putzen, waschen und schräg in etwa 3 cm große Stücke schneiden. In einen Topf geben und den **RHABARBER** mit kaltem Wasser bedecken.

2. Die **VANILLESCHOTE** längs aufschneiden und das Mark herauskratzen. **VANILLEMARK** und **ZUCKER** zum **RHABARBER** geben, alles aufkochen. **SPEISESTÄRKE** und 3 Esslöffel Wasser glatt rühren und unter den **RHABARBER** mischen. Das Kompott bei niedriger Hitze ein paar Minuten ziehen lassen. Das Kompott in einer Glasschüssel erkalten lassen.

NACHSPEISEN

Speisestärke
1 EL

TIPP
Vanilleschote durch Zimtstange und einige Gewürznelken ersetzen.

BRATÄPFEL
mit Zimtsahne

4 Personen

30 Min. Zubereitung

Dominosteine
150 g

Äpfel
x 4

Sahne
200 g

1. Die **DOMINOSTEINE** bis auf 4 Stück klein schneiden. Die **ÄPFEL** waschen, großzügig vom Kerngehäuse befreien, mit **DOMINOSTEINEN** füllen und auf ein mit Backpapier ausgelegtes Backblech setzen.

2. Die Bratäpfel im vorgeheizten Ofen bei 200 °C 20 Minuten backen. Die **SAHNE** mit **ZUCKER** und **ZIMT** steif schlagen. Die **BRATÄPFEL** mit je 1 Kugel **VANILLEEIS**, 1 **DOMINOSTEIN** und **ZIMTSAHNE** anrichten.

NACHSPEISEN

Zucker
1 EL

gemahlener Zimt
½ TL

Vanilleeis
4 Kugeln

Rote GRÜTZE

4 Personen

20 Min. Zubereitung
3 Std. Kühlen

gemischte rote Beeren
800 g

Johannisbeernektar
120 ml

Zucker
50 g

1. Die **BEEREN** verlesen und waschen. 100 ml **JOHANNISBEERNEKTAR** mit **ZUCKER** aufkochen, 700 g **BEEREN** dazugeben und kurz sprudelnd kochen lassen.

2. Die **SPEISESTÄRKE** mit übrigem **JOHANNISBEERNEKTAR** glatt rühren und unter die **BEEREN** rühren, bis die Grütze andickt. Den Rest rohe **BEEREN** untermischen. Die Grütze in Schälchen füllen und mit **PUDERZUCKER** bestäuben.

3. Die Rote Grütze anschließend abgedeckt für etwa 3 Stunden in den Kühlschrank stellen.

NACHSPEISEN

Speisestärke
1 EL

Puderzucker
1 TL

TIPP
Dazu schmeckt Vanillesoße (siehe S. 271).

Vanilleschote
x 1

Zucker
5 EL

Milch
500 ml

1. Die **VANILLESCHOTE** längs aufschneiden und das Mark herauskratzen. Das **VANILLEMARK** mit 2 Esslöffeln **ZUCKER** und 200 ml **MILCH** zum Sieden bringen. **EI** und **EIGELBE** mit 3 Esslöffeln **ZUCKER** und 300 ml **MILCH** verrühren.

2. Die **EIERMILCH** unter die heiße, nicht kochende **MILCH** rühren, den Topf vom Herd ziehen. Die **VANILLESOSSE** einige Minuten ruhen lassen, dann durch ein Haarsieb passieren.

NACHSPEISEN

Ei
x 1

Eigelb
x 2

TIPP
Dazu passt Rote Grütze (siehe S. 269).

HEISSE HIMBEEREN
mit Vanilleeis

🍽 4 Personen

🕐 20 Min. Zubereitung

frische Himbeeren
300 g

Zucker
3 EL

Vanillezucker
1 TL

1. Die **HIMBEEREN** verlesen, vorsichtig waschen und tropfnass mit **ZUCKER** und **VANILLEZUCKER** in einem Topf verrühren.

2. Die **HIMBEEREN** bei niedriger Hitze so lange erwärmen, bis sie leicht zerfallen.

3. Anschließend die heißen **HIMBEEREN** auf vier Dessertschalen verteilen und jeweils 1 Kugel **VANILLEEIS** daraufsetzen. Die Himbeeren sofort servieren.

NACHSPEISEN

Vanilleeis
4 Kugeln

TIPP
Schmeckt auch gut mit 1 Schuss Himbeerwasser und mit geschlagener Sahne garniert.

EISKAFFEE
mit Vanilleeis

4 Personen

10 Min. Zubereitung

kalter Kaffee
600 ml

Zucker
2 EL + 1 Prise

Sahne
200 g

1. Den kalten **KAFFEE** nach Geschmack mit 2 Esslöffeln **ZUCKER** verrühren. Die **SAHNE** mit 1 Prise **ZUCKER** steif schlagen.

2. Jeweils 1 Kugel **VANILLEEIS** in vier hohe Gläser geben und mit **KAFFEE** auffüllen.

3. Den **EISKAFFEE** mit der **SAHNE** garnieren und mit **SCHOKO-RASPELN** bestreuen.

NACHSPEISEN

Vanilleeis
4 Kugeln

Schokoraspel
2 EL

TIPP
Den Kaffee am Vortag frisch aufbrühen und abkühlen lassen.

PFIRSICH
Melba

4 Personen

20 Min. Zubereitung

frische Himbeeren
250 g

Puderzucker
2 EL

Pfirsichhälften
(Dose oder Glas), x 4

1. Die **HIMBEEREN** vorsichtig waschen und mit **PUDERZUCKER** in einem hohen Gefäß mit dem Stabmixer pürieren. Das **HIMBEERPÜREE** nach Belieben (um die Kerne zu entfernen) durch ein Haarsieb streichen.

2. Die **PFIRSICHE** in einem Sieb abtropfen lassen. Jeweils 1 **PFIRSICHHÄLFTE** und 2 Kugeln **VANILLEEIS** auf vier Dessertschalen verteilen und löffelweise mit dem **HIMBEERPÜREE** überziehen. Pfirsich Melba sofort servieren.

NACHSPEISEN

Vanilleeis
8 Kugeln

TIPP
Mit Schlagsahne garnieren.

BIRNE
Helene

4 Personen

15 Min. Zubereitung

Birnen
x 2

Zucker
3 EL

Sahne
200 g

1. Die **BIRNEN** schälen, längs halbieren und entkernen. Genügend Wasser und 2 Esslöffel **ZUCKER** in einen Topf geben und verrühren. Dann die **BIRNEN** dazugeben, sodass die **BIRNENHÄLFTEN** mit Flüssigkeit bedeckt sind. Die **BIRNEN** offen bei mittlerer Hitze etwa 5 Minuten garen, dann abgießen und abtropfen lassen. Die **SAHNE** mit 1 Esslöffel **ZUCKER** steif schlagen.

2. Je 1 **BIRNENHÄLFTE** mit **VANILLEEIS** und **SAHNE** anrichten und zusätzlich mit **SCHOKOLADENSOSSE** beträufeln.

NACHSPEISEN

Vanilleeis
4 Kugeln

**Schokoladensoße
(Fertigprodukt),** 100 ml

Sahne
250 g

Zucker
100 g

Eigelb
x 2

1. Die **SAHNE** mit 1 Prise **ZUCKER** steif schlagen. Den restlichen **ZUCKER** mit **EIGELBEN** und **ZIMT** in einer Schüssel cremig rühren. Die **SAHNE** locker untermischen.

2. Eine Kastenform (Länge 24 cm) mit Alufolie auskleiden. Die **ZIMTSAHNE** einfüllen, mit Alufolie abdecken und die Form anschließend für mindestens 4 Stunden in den Gefrierschrank stellen.

3. Das **PARFAIT** zum Servieren antauen lassen, aus der Form stürzen und in Scheiben schneiden.

NACHSPEISEN

gemahlener Zimt
1 TL

TIPP
Dazu passt Pflaumenkompott (siehe S. 263).

SCHOKOLADEN *Pudding*

4 Personen

20 Min. Zubereitung

Milch
500 ml

Zucker
2 EL

Speisestärke
2 EL

1. Von der **MILCH** eine kleine Schöpfkelle abnehmen, mit **ZU-CKER**, **SPEISESTÄRKE** und **KAKAOPULVER** glatt rühren. Die übrige **MILCH** in einen Topf geben und aufkochen.

2. Sobald die **MILCH** kocht, die angerührte **MILCH-KAKAO-MISCHUNG** einrühren und so lange rühren, bis die **MILCH** dicklich wird.

NACHSPEISEN

ungesüßtes Kakaopulver
2 EL

TIPP
Den Pudding entweder warm genießen oder in kalt ausgespülte Puddingformen füllen und abkühlen lassen.

GRIESSBREI
mit Zimt und Zucker

- 4 Personen
- 15 Min. Zubereitung
- Salz

Milch	Sahne	Hartweizengrieß
500 ml	200 g	100 g

1. **MILCH** und **SAHNE** mit 1 Prise Salz in einen breiten Topf geben und aufkochen. Den **GRIESS** und 80 g **ZUCKER** unter ständigem Rühren einrieseln lassen und bei mittlerer Hitze weiterrühren, bis ein dicklicher Brei entsteht. Den Topf vom Herd nehmen.

2. Den **GRIESSBREI** noch einmal durchrühren und in vier tiefe Teller geben. Den **GRIESSBREI** mit **ZIMT** und restlichem **ZUCKER** bestreuen und warm oder kalt servieren.

NACHSPEISEN

Zucker	gemahlener Zimt
120 g	¼ TL

TIPP
Dazu passt Pflaumenkompott (siehe S. 263).

SÜSSER MILCHREIS
mit Zimt

- 4 Personen
- 40 Min. Zubereitung
- Salz

Milch
1 l

Zucker
100 g

Vanillezucker
1 Päckchen

1. Die **MILCH** mit 50 g **ZUCKER, VANILLEZUCKER** und 1 Prise Salz in einem Topf aufkochen.

2. Den **REIS** dazugeben, aufkochen und bei niedriger Hitze in etwa 35 Minuten ausquellen lassen, dabei zwischendurch umrühren.

3. Den **MILCHREIS** in tiefe Teller geben. Die **BUTTER** in einer Pfanne erhitzen, 50 g **ZUCKER** und **ZIMT** unterrühren. Die Mischung auf den **MILCHREIS** geben.

NACHSPEISEN

Rundkornreis (Milchreis)
250 g

Butter
2 EL

gemahlener Zimt
½ TL

Klassische BAYRISCH CREME

4 Personen

20 Min. Zubereitung
4 Std. Kühlen

TIPP
Dazu passt Rhabarberkompott (siehe S. 265).

weiße Gelatine	Sahne	Milch
4 Blatt	200 g	250 ml

1. Die **GELATINE** in kaltem Wasser einweichen. Die **SAHNE** steif schlagen und kühl stellen. Die **VANILLESCHOTE** längs aufschneiden und das **MARK** herauskratzen. Die **MILCH** mit **VANILLEMARK** aufkochen und beiseitestellen.

2. Die **EIGELBE** mit **ZUCKER** über einem heißen Wasserbad verrühren. Die **MILCH** langsam unterrühren, bis die Masse dicklich wird. Die **GELATINE** ausdrücken, in der **CREME** auflösen. Die **CREME** kalt rühren und die **SAHNE** unterheben.

3. Die **CREME** in kalt ausgespülten Schälchen 4 Stunden kühl stellen. Zum Servieren stürzen.

NACHSPEISEN

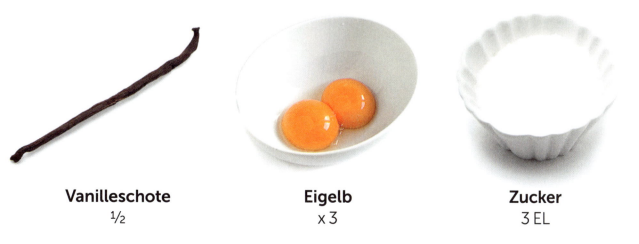

Vanilleschote	Eigelb	Zucker
½	x 3	3 EL

Apfel PFANNKUCHEN

TIPP
Mit Zimt und Zucker bestreuen.

4 Personen

30 Min. Zubereitung

Eier	Zucker	Mehl
x 2	50 g	150 g

1. Die **EIER** mit **ZUCKER** verrühren. Nach und nach **MEHL** und **MILCH** unterrühren. Die **ÄPFEL** waschen, schälen, vom Kerngehäuse befreien und in Scheiben schneiden.

2. Aus dem Teig 4 **PFANNKUCHEN** backen. Dafür die **BUTTER** in einer kleinen beschichteten Pfanne erhitzen. Den Teig darin kurz stocken lassen, mit **APFELSCHEIBEN** belegen und anbacken lassen. Vorsichtig wenden und fertig backen.

NACHSPEISEN

Milch	Äpfel	Butter
200 ml	x 2	2 EL

PFIRSICHE
im Blätterteig

🍽 4 Personen

🕐 30 Min. Zubereitung

eingelegte Pfirsichhälften (Dose oder Glas), x 4

Blätterteig (Kühltheke); aufgetaut, 1 Scheibe

Eigelb x 1

1. Ein Backblech mit Backpapier auslegen. Die **PFIRSICHE** abtropfen lassen. Den **BLÄTTERTEIG** etwas ausrollen, in 4 gleich große Stücke schneiden. Jeweils 1 **PFIRSICHHÄLFTE** mit der Schnittfläche nach unten in die Mitte legen.

2. Das **EIGELB** mit 2 Esslöffeln kaltem Wasser verrühren und die Teigränder damit bestreichen. Im vorgeheizten Ofen bei 200 °C in 15 Minuten goldbraun backen. **PUDERZUCKER** mit **ZITRONENSAFT** glatt rühren, die Teilchen damit bestreichen.

NACHSPEISEN

Puderzucker 50 g

Saft von ½ Zitrone

Eier	Milch	Zucker
x 2	150 ml	2 EL

1. Die **EIER** mit **MILCH** und **ZUCKER** in einer Schüssel verrühren.
2. Die **WEISSBROTSCHEIBEN** diagonal halbieren. Die **BUTTER** in einer Pfanne portionsweise erhitzen. Die **BROTDREIECKE** durch die **EIERMISCHUNG** ziehen und auf beiden Seiten knusprig braten.

NACHSPEISEN

Weißbrot
6 Scheiben

Butter
2 EL

TIPP
Mit Zimtzucker bestreuen.

BRANDTEIGKRAPFEN
mit Sahne

- 4 Personen
- 40 Min. Zubereitung
- Salz

kalte Butter	Mehl	Eier
80 g	200 g	x 4

1. 250 ml Wasser mit **BUTTER** und 1 Prise Salz aufkochen. Das **MEHL** hinzufügen und mit einem Holzlöffel rühren, bis sich eine weiße Schicht am Topfboden und ein Teigkloß bilden. Den Teigkloß abkühlen lassen. Die **EIER** einzeln unterrühren. Mit einem Spritzbeutel vorsichtig 12 Krapfen auf ein mit Backpapier ausgelegtes Blech spritzen.

2. Die Krapfen im vorgeheizten Ofen bei 220 °C 20 Minuten backen. Die Krapfen abkühlen lassen und quer halbieren. Zum Schluss die **SAHNE** mit **ZUCKER** steif schlagen und die **KRAPFEN** damit füllen.

NACHSPEISEN

Sahne	Zucker
200 g	2 EL

KAISERSCHMARREN
mit Puderzucker

4 Personen

30 Min. Zubereitung

Eier, getrennt	Mehl	Milch
x 3	150 g	200 ml

1. Die **EIWEISSE** steif schlagen. Die **EIGELBE** mit **MEHL, MILCH** und 1 Esslöffel flüssiger **BUTTER** glatt rühren. Anschließend den **EISCHNEE** unter den Teig heben.

2. 1 Esslöffel **BUTTER** in einer beschichteten Pfanne erhitzen, 1 Esslöffel **MANDELBLÄTTCHEN** und die Hälfte des Teigs einfüllen und backen. Den Teig in Stücke reißen und leicht bräunen lassen. Mit dem übrigem Teig genauso verfahren. Anrichten und mit **PUDERZUCKER** bestäuben.

NACHSPEISEN

flüssige Butter	Mandelblättchen	Puderzucker
3 EL	2 EL	1 EL

Marillen KNÖDEL

TIPP
Anstelle der Aprikosenkerne 1 Stück Würfelzucker einsetzen.

4 Personen

35 Min. Zubereitung

Salz

kleine frische Aprikosen (Marillen), x 12

Speisequark (40 % Fett)
250 g

Mehl
250 g

1. Die **APRIKOSEN** waschen und entkernen.

2. **QUARK**, **MEHL**, 3 Esslöffel **BUTTER** und 1 Prise Salz miteinander verkneten. Je 1 Portion Teig platt drücken, 1 **APRIKOSE** damit umhüllen und zu einem Knödel formen.

3. Die Knödel in siedendem Salzwasser 20 Minuten ziehen lassen.

4. 2 Esslöffel **BUTTER** und **ZUCKER** in einer Pfanne schmelzen lassen, die **SEMMELBRÖSEL** untermischen. Die Knödel direkt aus dem Kochwasser in der Pfanne schwenken.

NACHSPEISEN

zimmerwarme Butter
5 EL

Zucker
2 EL

Semmelbrösel
5 EL

KASTENKUCHEN
mit Mohn

**Für
1 Kastenform**
(Länge 25 cm)

**10 Min.
Zubereitung**

**45 Min.
Backen**

Eier, getrennt x 4	**Zucker** 100 g	**zimmerwarme Butter** 1 TL + 100 g

1. Die **EIWEISSE** mit 50 g **ZUCKER** steif schlagen. Eine Kastenform mit 1 Teelöffel **BUTTER** einfetten und mit 1 Esslöffel **MEHL** bestäuben.

2. Die **EIGELBE** mit 50 g **ZUCKER** cremig rühren. Nach und nach **MEHL** und **MOHN** einrühren. Den **EISCHNEE** unterheben. Den Teig in die Form füllen und im vorgeheizten Ofen bei 180 °C 45 Minuten backen.

3. Den Kuchen aus dem Ofen nehmen, kurz abkühlen lassen und aus der Form stürzen. Mit **PUDERZUCKER** bestäuben und zum Servieren in Scheiben schneiden.

NACHSPEISEN

Mehl 1 EL + 60 g	**gemahlener Mohn** 150 g	**Puderzucker** 1 TL

APFELSTRUDEL
mit Strudelteig

Für 1 Backblech
mit Backpapier

30 Min. Zubereitung
35 Min. Backen

Strudelteig (200 g; Kühltheke), 1 Packung

flüssige Butter
100 g

Äpfel
800 g

1. Den **STRUDELTEIG** auf ein Küchentuch legen, mit etwas **BUTTER** bepinseln. Die **ÄPFEL** schälen, entkernen und in Scheiben schneiden. Mit **ZITRONENSAFT** und 50 g **ZUCKER** mischen. **SEMMELBRÖSEL** und übrigen **ZUCKER** in einer Pfanne kurz rösten und auf dem Teig verteilen. Die **ÄPFEL** daraufgeben. Den Teig mithilfe des Tuchs aufrollen und die Enden andrücken.

2. Den **STRUDEL** auf das Blech geben, mit der übrigen **BUTTER** bepinseln und im vorgeheizten Ofen bei 200 °C 30–35 Minuten backen.

NACHSPEISEN

Saft
von ½ Zitrone

Zucker
80 g

Semmelbrösel
50 g

TOPFENSTRUDEL
mit Blätterteig

Für 1 Backblech
mit Backpapier

20 Min. Zubereitung
30 Min. Backen

TIPP
Den Strudel mit Puderzucker bestäuben.

Blätterteig (250 g; Kühltheke), 1 Packung

Speisequark (40 % Fett; wahlweise Topfen), 500 g

Zucker
80 g

1. Den **BLÄTTERTEIG** auf einem Küchentuch ausrollen.

2. Den **QUARK** mit **ZUCKER, PUDDINGPULVER, 1 EI** und **BUTTER** verrühren. Auf dem Teig verteilen, dabei die Ränder frei lassen, aufrollen und auf das Backblech geben.

3. Das zweite **EI** trennen und das **EIGELB** mit 2 Esslöffeln kaltem Wasser verquirlen, den **STRUDEL** damit bestreichen. Den Strudel im vorgeheizten Ofen bei 200 °C in 30 Minuten goldbraun backen.

NACHSPEISEN

Vanillepuddingpulver
1 Päckchen

Eier
x 2

flüssige Butter
2 EL

Schneller KÄSEKUCHEN

TIPP
Rosinen und Zitronenaroma unter den Quark rühren.

Für
1 Springform
(Ø 26 cm)

15 Min.
Zubereitung
1 Std.
Backen

Eier
x 3

zimmerwarme Butter
1 TL + 250 g

Zucker
200 g

1. Die **EIER** trennen. Die **EIWEISSE** steif schlagen. Die Springform mit 1 Teelöffel **BUTTER** einfetten.

2. **BUTTER, ZUCKER** und **EIGELBE** in einer Rührschüssel cremig rühren. **QUARK, BACKPULVER** und **PUDDINGPULVER** unterrühren und den **EISCHNEE** unterheben.

3. Die Quarkmasse in die Form füllen. Anschließend den Kuchen im vorgeheizten Backofen bei 180 °C 1 Stunde backen.

Speisequark (20 % Fett)
1 kg

Backpulver
1 Päckchen

Vanillepuddingpulver
1 Päckchen

REGISTER

A

Ananas
Überbackener Schinkentoast 33

Apfel
Apfelmus mit Zimt 261
Apfelpfannkuchen 291
Apfelstrudel mit Strudelteig 305
Bratäpfel mit Zimtsahne 267
Gänseschmalz mit Zwiebeln 61
Heringssalat mit Äpfeln 37
Kalbsleber mit Äpfeln und Zwiebeln 205
Klassischer Gänsebraten 249
Roher Selleriesalat 173
Rote-Bete-Salat mit Äpfeln 171
Rotkohl mit Äpfeln 151

Aprikose
Marillenknödel 301

B

Bärlauch
Ziegenfrischkäse mit Bärlauch 45

Beeren, rot, gemischt
Rote Grütze 269

Beifuß
Gänseschmalz mit Zwiebeln 61
Klassischer Gänsebraten 249

Bergkäse
Brokkoli mit Schinken und Käse 145
Herzhaftes Käse-Omelett 15

Bier, dunkel
Schweinebraten mit Biersoße 235

Bier, hell
Bratwurst in Zwiebel-Bier-Soße 221

Birne
Birne Helene 279
Bohnen, Birnen und Speck 93

Blattspinat
Rahmspinat mit Knoblauch 143
Spinatspätzle mit Muskatnuss 123

Blumenkohl
Blumenkohl mit Butterbröseln 125

Bohnen
Bohnen, Birnen und Speck 93
Grüner Bohnensalat 167
Prinzessbohnen im Speckmantel 141

Bohnenkraut
Bohnen, Birnen und Speck 93

Bratwurst
Bratwurst in Zwiebel-Bier-Soße 221

Brokkoli
Brokkoli mit Schinken und Käse 145

C

Camembert
Herzhafter Obatzda 49

Champignons
Grundrezept Gemüsebrühe 63
Rahmgeschnetzeltes mit Pilzen 203

Chicorée
Chicorée mit Schinken 223

Cornichons
Tatar vom Rind 23

D

Dill
Gurkensalat mit Dill 165
Krabbensalat mit Dill 41
Makrelensalat mit Dill 43
Matjes mit Kartoffeln 39

E

Ei
Apfelpfannkuchen 291
Arme Ritter 295
Backhähnchen mit Petersilie 247
Bauernfrühstück aus der Pfanne 21
Brandteigkrapfen mit Sahne 297
Eier in Senfsoße 183
Eiersalat mit Schnittlauch 11
Frankfurter Soße 185
Frikadellen aus der Pfanne 207
Gefüllte Paprikaschoten 209
Grießklößchensuppe 71
Grundrezept Kartoffelnudeln 109
Grundrezept Semmelknödel 115
Herzhaftes Käse-Omelette 15
Kaiserschmarren mit Puderzucker 299
Kartoffelklöße halb und halb 113
Kartoffelpuffer mit Zwiebeln 117
Kartoffelsalat mit Mayo 175
Käsespätzle mit Röstzwiebeln 121
Kastenkuchen mit Mohn 303
Klassische Eierspätzle 103
Kohlrouladen mit Mettfüllung 211
Kopfsalat mit gehackten Eiern 13
Leberkäse mit Spiegelei 225
Markklößchensuppe 75
Maultaschen mit Zwiebeln 217
Pfannkuchensuppe 77
Rührei mit Krabben 17
Schinkennudeln mit Tomaten 219
Schneller Käsekuchen 309
Schnelle Vanillesoße 271
Schnitzel Cordon bleu 199
Spinatspätzle mit Muskatnuss 123
Strammer Max 19
Topfenstrudel mit Blätterteig 307
Vegetarisches Kohlrabischnitzel 135
Wiener Schnitzel 197

310

Eigelb
Grundrezept Kartoffelklöße 111
Klassische Bayrisch Creme 289
Parfait mit Zimt 281
Pfirsiche im Blätterteig 293
Sauce hollandaise 187
Schnelle Mayonnaise 191
Schnelle Vanillesoße 271
Tatar vom Rind 23

Eisbein, gepökelt
Eisbein aus dem Kochsud 231

Emmentaler
Cremige Käsesuppe 79
Käsespätzle mit Röstzwiebeln 121
Schinkennudeln mit Tomaten 219
Schnitzel mit Cordon bleu 199
Wurstsalat mit Käse 31
Würziges Käsefondue 195

Erbsen
Gelbe Erbsensuppe 91
Grünes Erbsenpüree 127
Hühnerfrikassee 243
Nudelsalat mit Erbsen und Schinken 179

F

Feldsalat
Feldsalat mit Walnusskernen 163

Fleischwurst
Fleischsalat mit Mayonnaise 29
Wurstsalat mit Käse 31

Forelle
Forelle blau 255
Forelle Müllerin Art 253

Frischkäse
Käsebällchen mit Mandeln 47

Frühlingszwiebel
Reissalat mit Frühlingsgemüse 181
Rindfleischsuppe mit Einlagen 73

G

Gans, küchenfertig
Klassischer Gänsebraten 249

Gewürzgurken
Fleischsalat mit Mayonnaise 29
Heringssalat mit Äpfeln 37
Kartoffelsalat mit Mayo 175
Matjes mit Kartoffeln 39
Nudelsalat mit Erbsen und Schinken 179
Rindfleischsalat mit Zwiebeln 27
Wurstsalat mit Käse 31

Gewürznelken
Eisbein aus dem Kochsud 231

Gouda
Chicorée mit Schinken 223
Überbackener Schinkentoast 33

Greyerzer Käse
Würziges Käsefondue 195

Grünkohl
Geschmorter Grünkohl 153

H

Hackfleisch, gemischt
Frikadellen aus der Pfanne 207
Gefüllte Paprikaschoten 209
Hackbraten mit Soße 213

Hackfleisch, Rind
Tatar vom Rind 23

Hähnchen
Backhähnchen mit Petersilie 247
Gegrilltes Hähnchen 245

Harzer Käse
Handkäs mit Musik 51

Himbeeren
Heiße Himbeeren mit Vanilleeis 273
Pfirsich Melba 277

Hokkaido-Kürbis
Kürbissuppe mit Sahne 81

Honig
Feldsalat mit Walnusskernen 163
Rote-Bete-Salat mit Äpfeln 171

Hühnerfleisch, gekocht
Hühnersuppe mit Einlagen 69

K

Kartoffeln
Bauernfrühstück aus der Pfanne 21
Bratkartoffeln mit Speck 105
Deftige Kartoffelsuppe 87
Gelbe Erbsensuppe 91
Grundrezept Kartoffelklöße 111
Grundrezept Kartoffelnudeln 109
Kartoffelbrei mit Muskatnuss 107
Kartoffelklöße halb und halb 113
Kartoffelpuffer mit Zwiebeln 117
Kartoffelsalat mit Brühe 177
Kartoffelsalat mit Mayo 175
Matjes mit Kartoffeln 39
Pellkartoffeln mit Kräuterquark 53
Pichelsteiner Eintopf 95
Rösti aus Pellkartoffeln 119
Steckrübensuppe 97

Kassler
Kassler auf Sauerkraut 229

Kochschinken
Brokkoli mit Schinken und Käse 145
Chicorée mit Schinken 223
Nudelsalat mit Erbsen und Schinken 179
Schinkennudeln mit Tomaten 219
Schnitzel Cordon bleu 199
Spargel mit Schinken und Butter 137
Strammer Max 19
Überbackener Schinkentoast 33

Kohlrabi
Cremiges Kohlrabigemüse 133
Reissalat mit Frühlingsgemüse 181
Vegetarisches Kohlrabischnitzel 135

Kopfsalat
Kopfsalat mit gehackten Eiern 13

Kümmel
Handkäs mit Musik 51
Sauerkraut mit Wacholderbeeren 157
Schweinebraten mit Biersoße 235
Weißkrautsalat mit Kümmel 169

L

Lachs
Bandnudeln mit Lachs-Sahne-Soße 251
Lachs in Alufolie 259

Lauch
Hühnersuppe mit Einlagen 69
Lachs in Alufolie 259
Schwarzwurzeln mit Lauch 139

Leber, Kalb
Kalbsleber mit Äpfeln und Zwiebeln 205

Leberkäse
Leberkäse mit Spiegelei 225

Linsen, Beluga
Feine Linsensuppe 89

Linsen, braun
Saure Linsen 159

Lorbeerblatt
Eisbein aus dem Kochsud 231
Forelle blau 255

M

Majoran
Gelbe Erbsensuppe 91
Griebenschmalz mit Majoran 59

Makrelenfilet
Makrelensalat mit Dill 43

Mandeln
Kaiserschmarren mit Puderzucker 299
Käsebällchen mit Mandeln 47
Rosenkohl mit Mandeln 149
Speckdatteln mit Mandeln 35

Matjesfilet
Matjes mit Kartoffeln 39

Mayonnaise
Fleischsalat mit Mayonnaise 29
Kartoffelsalat mit Mayo 175
Nudelsalat mit Erbsen und Schinken 179
Roher Selleriesalat 173

Meerrettich
Meerettichsahne mit Preiselbeeren 193
Meerettichsoße mit Fleischbrühe 189

Mett, Schwein
Mett-Igel mit Brot 25

Mett, Thüringer
Kohlrouladen mit Mettfüllung 211
Königsberger Klopse 215

Mohn
Kastenkuchen mit Mohn 303

Möhre
Forelle blau 255
Glasierte Möhren 129
Hühnersuppe mit Einlagen 69
Lachs in Alufolie 259
Pichelsteiner Eintopf 95
Reissalat mit Frühlingsgemüse 181
Rindfleischsuppe mit Einlagen 73
Steckrübensuppe 97

Muskatnuss
Brokkoli mit Schinken und Käse 145
Cremige Käsesuppe 79
Kartoffelbrei mit Muskatnuss 107
Käsespätzle mit Röstzwiebeln 121
Rahmspinat mit Knoblauch 143
Rosenkohl mit Mandeln 149
Spinatspätzle mit Muskatnuss 123
Wirsinggemüse mit Muskatnuss 155

N

Nordseekrabben, gepult
Krabbensalat mit Dill 41
Rührei mit Krabben 17

O

Oliven
Mett-Igel mit Brot 25

P

Paprika, grün
Gefüllte Paprikaschoten 209
Würzige Schaschlikspieße 227

Paprika, rot
Nudelsalat mit Erbsen und Schinken 179
Rindfleischsalat mit Zwiebeln 27

Paprikapulver, edelsüß
Einfache Gulaschsuppe 99
Gegrilltes Hähnchen 245
Herzhafter Obatzda 49
Würzige Schaschlikspieße 227

Paprikapulver, rosenscharf
Einfache Gulaschsuppe 99
Gegrilltes Hähnchen 245
Würzige Schaschlikspieße 227

Petersilie
Backhähnchen mit Petersilie 247
Forelle Müllerin Art 253
Kartoffelsalat mit Mayo 175
Rahmpfifferlinge mit Speck 147

Pfifferlinge
Rahmpfifferlinge mit Speck 147

Pfirsich
Pfirsiche im Blätterteig 293
Pfirsich Melba 277

Pflaume
Pflaumenkompott 263

Preiselbeeren
Meerrettichsahne mit Preiselbeeren 193

Q

Quark
Marillenknödel 301
Pellkartoffeln mit Kräuterquark 53
Radieschenquark mit Schnittlauch 55
Schneller Kuchen 309
Topfenstrudel mit Blätterteig 307

R

Radieschen
Radieschenquark mit Schnittlauch 55

Rettich
Rettichsalat mit Schnittlauch 57

Rhabarber
Rhabarberkompott 265

Rosenkohl
Rosenkohl mit Mandeln 149

Rote Bete
Rote-Bete-Salat mit Äpfeln 171

Rotkohl
Rotkohl mit Äpfeln 151

S

Salatgurke
Geschmortes Gurkengemüse 131
Gurkensalat mit Dill 165
Kalte Gurkensuppe mit Croûtons 101
Makrelensalat mit Dill 43

Salzheringsfilet
Heringssalat mit Äpfeln 37

Sauerbraten
Einfacher Sauerbraten 239

Sauerkraut
Kassler auf Sauerkraut 229
Sauerkraut mit Wacholderbeeren 157

Schnittlauch
Eiersalat mit Schnittlauch 11
Maultaschen mit Zwiebeln 217
Meerrettichsoße mit Fleischbrühe 189
Radieschenquark mit Schnittlauch 55
Rettichsalat mit Schnittlauch 57

Schnitzel, dünn
Schnitzel 199

Schnitzel, Kalb
Rahmschnitzel vom Kalb 201
Wiener Schnitzel 197

Schollenfilet
Schollenfilet mit Speck 257

Schwarzwurzel
Schwarzwurzeln mit Lauch 139

Schweinebraten
Bauernfrühstück aus der Pfanne 21
Schweinebraten mit Biersoße 235

Sellerie
Roher Selleriesalat 173
Steckrübensuppe 97

Spargel
Spargelcremesuppe 85
Spargel mit Schinken und Butter 137

Speck
Bohnen, Birnen und Speck 93
Bratkartoffeln mit Speck 105
Deftige Kartoffelsuppe 87
Gänseschmalz mit Zwiebeln 61
Gefüllte Paprikaschoten 209
Geschmorter Grünkohl 153
Griebenschmalz mit Majoran 59
Grünes Erbsenpüree 127
Kartoffelsalat mit Brühe 177
Prinzessbohnen im Speckmantel 141
Rahmpfifferlinge mit Speck 147
Rinderrouladen mit Soße 233
Rösti aus Pellkartoffeln 119
Schollenfilet mit Speck 257
Speckdatteln mit Mandeln 35
Würzige Schaschlikspieße 227

Steckrübe
Steckrübensuppe 97

Suppengemüse
Deftige Kartoffelsuppe 87
Eisbein aus dem Kochsud 231
Gelbe Erbsensuppe 91
Grundrezept Fleischbrühe 67
Grundrezept Geflügelbrühe 65
Grundrezept Gemüsebrühe 63
Hühnerfrikassee 243
Kürbissuppe mit Sahne 81
Rinderrouladen mit Soße 233
Steckrübensuppe 97
Tafelspitz in Brühe 241

Suppenhuhn
Grundrezept Geflügelbrühe 65
Hühnerfrikassee 243

T

Tomate
Einfacher Sauerbraten 239
Fruchtige Tomatensuppe 83
Grundrezept Gemüsebrühe 63
Schinkennudeln mit Tomaten 219

Tomatenmark
Einfache Gulaschsuppe 99
Feine Linsensuppe 89
Rinderrouladen mit Soße 233

Tomaten, passiert
Gefüllte Paprikaschoten 209

V

Vanilleeis
Birne Helene 279
Bratäpfel mit Zimtsahne 267
Eiskaffee mit Vanilleeis 275
Heiße Himbeeren mit Vanilleeis 273
Pfirsich Melba 277

Vanillepuddingpulver
Schneller Käsekuchen 309
Topfenstrudel mit Blätterteig 307

Vanilleschote
Klassische Bayrisch Creme 289
Rhabarberkompott 265
Schnelle Vanillesoße 271

W

Wacholderbeeren
Sauerkraut mit Wacholderbeeren 157

Walnusskerne
Feldsalat mit Walnusskernen 163
Wildkräutersalat mit Himbeeressig 161

Weißkohl
Kohlrouladen mit Mettfüllung 211
Weißkrautsalat mit Kümmel 169

Wirsing
Wirsinggemüse mit Muskatnuss 155

Worcestersoße
Sauce hollandaise 187

Z

Ziegenfrischkäse
Ziegenfrischkäse mit Bärlauch 45

Zimt
Apfelmus mit Zimt 261
Bratäpfel mit Zimtsahne 267
Grießbrei mit Zimt und Zucker 285
Parfait mit Zimt 281
Pflaumenkompott 263
Süßer Milchreis mit Zimt 287

Zitrone
Apfelmus mit Zimt 261
Apfelstrudel mit Strudelteig 305
Forelle Müllerin Art 253
Kalte Gurkensuppe 101
Krabbensalat mit Dill 41
Pfirsiche im Blätterteig 293
Pflaumenkompott 263
Radieschenquark mit Schnittlauch 55
Roher Selleriesalat 173

Sauce hollandaise 187
Schollenfilet mit Speck 257
Spargelcremesuppe 85
Spargel mit Schinken und Butter 137

Zwiebel
Bauernfrühstück aus der Pfanne 21
Bratkartoffeln mit Speck 105
Bratwurst in Zwiebel-Bier-Soße 221
Brokkoli mit Schinken und Käse 145
Cremige Käsesuppe 79
Deftige Kartoffelsuppe 87
Einfache Gulaschsuppe 99
Eisbein aus dem Kochsud 231
Feine Linsensuppe 89
Feldsalat mit Walnusskernen 163
Forelle blau 255
Frikadellen aus der Pfanne 207
Fruchtige Tomatensuppe 83
Gänseschmalz mit Zwiebeln 61
Grundrezept Fleischbrühe 67
Grundrezept Geflügelbrühe 65
Grundrezept Gemüsebrühe 63
Gefüllte Paprikaschoten 209
Gelbe Erbsensuppe 91
Geschmorter Grünkohl 153
Geschmortes Gurkengemüse 131
Grundrezept Semmelknödel 115
Grüner Bohnensalat 167
Grünes Erbsenpüree 127
Hackbraten mit Soße 213
Handkäs mit Musik 51
Heringssalat mit Äpfeln 37
Herzhafter Obatzda 49
Kalbsleber mit Äpfeln und Zwiebeln 205
Kartoffelpuffer mit Zwiebeln 117
Kartoffelsalat mit Brühe 177
Kartoffelsalat mit Mayo 175
Käsespätzle mit Röstzwiebeln 121
Kassler auf Sauerkraut 229
Klassischer Gänsebraten 249
Kohlrouladen mit Mettfüllung 211
Kopfsalat mit gehackten Eiern 13
Krabbensalat mit Dill 41

Makrelensalat mit Dill 43
Matjes mit Kartoffeln 39
Maultaschen mit Zwiebeln 217
Mett-Igel mit Brot 25
Pellkartoffeln mit Kräuterquark 53
Pichelsteiner Eintopf 95
Rahmgeschnetzeltes mit Pilzen 203
Rahmpfifferlinge mit Speck 147
Rinderfleischsalat mit Zwiebeln 27
Rosenkohl mit Mandeln 149
Rostbraten mit Zwiebeln 237
Rösti mit Pellkartoffeln 119
Rotkohl mit Äpfeln 151
Rührei mit Krabben 17
Sauerkraut mit Wacholderbeeren 157
Saure Linsen 159
Schollenfilet mit Speck 257
Spinatspätzle mit Muskatnuss 123
Tatar vom Rind 23
Weißkrautsalat mit Kümmel 169
Wirsinggemüse mit Muskatnuss 155
Wurstsalat mit Käse 31
Würzige Schaschlikspieße 227

314

ÜBER DIE AUTORIN

Rose Marie Donhauser arbeitet seit 1988 als Food- und Reisejournalistin, Restauranttesterin und Kochbuchautorin. Viele ihrer Bücher erhielten Auszeichnungen, wie z. B. Silbermedaillen der Gastronomischen Akademie Deutschlands, Goldene Lorbeeren aus der Schweiz oder dem Gourmand World Cookbook Award. Die gelernte Köchin, die in Berlin lebt, ist dem Genuss immer auf der Spur. Unterwegs auf Gourmetreisen in der ganzen Welt, holt sie sich Anregungen und setzt die Ideen in Rezeptentwicklungen um.
www.donhauser-essklasse.de

ÜBER DIE FOTOGRAFIN

Foodie, Frühaufsteher und Fotografin aus Leidenschaft – diese Begriffe beschreiben Sabrina Sue Daniels wohl am besten. Nach ihrem Archäologiestudium fand sie über Umwege zur Fotografie, absolvierte erfolgreich eine Ausbildung und betreibt seit 2013 ihren Foodblog www.sabrinasue.de. Mit üppig inszenierten Fotos, leuchtenden Farben und kreativen Rezepten verführt sie ihre Leser regelmäßig zum gesunden Schlemmen.

GENIAL KOCHEN MIT 2–6 ZUTATEN!

Einfach – Kochen mit dem Thermomix
Genial kochen mit 2–6 Zutaten

24,99 €
978-3-86355-746-1

SO MACHT KOCHEN SPASS!

Wohlfühlküche mit heimischen Superfoods
60 Rezepte – regional und saisonal

19,99 €
978-3-86355-589-4

Das Prinzip Sonntagsbraten
7 Tage Heimatküche

29,99 €
978-3-86355-676-1

MIX MIT! Das Kochbuch für meine Thermo-Küchenmaschine – für jeden Tag
55 Rezepte für die ganze Familie

17,99 €
978-3-86355-717-1

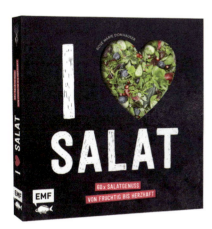

I love Salat
60 x Salatgenuss von fruchtig bis herzhaft

14,99 €
978-3-86355-678-5

Koch mit – Zitrone

9,99 €
978-3-86355-793-5

One Pot Pasta ... basta!
30 Nudelgerichte aus einem Topf

9,99 €
978-3-86355-453-8

IMPRESSUM

Bibliografische Information der Deutschen Bibliothek.

Die Deutsche Bibliothek verzeichnet diese Publikation in der deutschen Nationalbibliografie.

Detaillierte bibliografische Daten sind im Internet über http://www.d-nb.de/ abrufbar.

Alle in diesem Buch veröffentlichten Abbildungen sind urheberrechtlich geschützt und dürfen nur mit ausdrücklicher schriftlicher Genehmigung des Verlags gewerblich genutzt werden. Eine Vervielfältigung oder Verbreitung der Inhalte des Buchs ist untersagt und wird zivil- und strafrechtlich verfolgt. Das gilt insbesondere für Vervielfältigungen, Übersetzungen, Mikroverfilmungen und die Einspeicherung und Verarbeitung in elektronischen Systemen.

Die im Buch veröffentlichten Aussagen und Ratschläge wurden von Verfasserin und Verlag sorgfältig erarbeitet und geprüft. Eine Garantie für das Gelingen kann jedoch nicht übernommen werden, ebenso ist die Haftung der Verfasserin bzw. des Verlags und seiner Beauftragten für Personen-, Sach- und Vermögensschäden ausgeschlossen.

Die in diesem Buch enthaltenen Informationen, Anregungen und Ratschläge stellen die Meinung und Erfahrung der Autorin dar, basierend auf dem aktuellen Stand wissenschaftlicher Erkenntnisse. Sie wurden von der Verfasserin nach bestem Wissen und mit größter Sorgfalt recherchiert. Dennoch erfolgen alle Angaben ohne Gewähr und es kann keine Garantie übernommen werden. Das Buch kann eine persönliche Beratung oder kompetenten medizinischen Rat nicht ersetzen. Weder Autorin noch Verlag können für eventuelle Schäden oder Nachteile, die sich aus den im Buch enthaltenen Hinweisen ergeben, eine Haftung übernehmen. Jeder Leser und jede Leserin ist nach wie vor für das eigene Tun selbst verantwortlich.

EIN BUCH DER EDITION MICHAEL FISCHER

1. Auflage 2017

© 2017 Edition Michael Fischer GmbH, Igling

Covergestaltung: Michaela Zander
Redaktion und Lektorat: Maryna Zimdars, Unterföhring
Produktmanagement: Natascha Mössbauer
Layout und Satz: Silvia Keller
Fotos: Sabrina Sue Daniels, Frankfurt

ISBN 978-3-86355-745-4

Printed in Slovakia